Research on the Capacity building of Management accounting Teachers in Yunnan Universities Under the Background of New Liberal arts

# 新文科背景下云南高校管理会计教师能力建设研究

代　飞◎著

中国经济出版社
CHINA ECONOMIC PUBLISHING HOUSE
北 京

**图书在版编目（CIP）数据**

新文科背景下云南高校管理会计教师能力建设研究 / 代飞著 . -- 北京 ：中国经济出版社，2024. 11.

ISBN 978-7-5136-7935-0

Ⅰ. G647. 5

中国国家版本馆 CIP 数据核字第 2024WC2734 号

组稿编辑　赵静宜
责任编辑　罗　茜
责任印制　马小宾
封面设计　久品轩

**出版发行**　中国经济出版社
**印 刷 者**　河北宝昌佳彩印刷有限公司
**经 销 者**　各地新华书店
**开　　本**　710mm×1000mm　1/16
**印　　张**　13. 5
**字　　数**　200 千字
**版　　次**　2024 年 11 月第 1 版
**印　　次**　2024 年 11 月第 1 次
**定　　价**　88. 00 元
**广告经营许可证**　京西工商广字第 8179 号

**中国经济出版社**　**网址** http://epc. sinopec. com/epc/　**社址** 北京市东城区安定门外大街 58 号　**邮编** 100011
本版图书如存在印装质量问题，请与本社销售中心联系调换（联系电话：010-57512564）

# 前言

习近平总书记强调，教育是国之大计、党之大计，要把立德树人融入高等教育领域。2020年11月3日发布的《新文科建设宣言》全方位阐释了新文科建设的必要性，明确提出了将强化价值引领、促进专业优化、夯实课程体系、推动模式创新、打造质量文化等后续建设的主要任务。财政部在会计改革与发展“十三五”“十四五”规划纲要中，均将推进管理会计广泛应用作为主要任务之一。在新文科建设背景下，如何优化会计专业管理会计课程建设和人才培养模式来有效应对管理会计人才的供需匹配，对管理会计教师能力建设提出了新的要求。云南作为西南三省之一，在师资培养和建设方面区域优势不明显，会计师资历来匮乏。随着财务会计转型的提出，云南高校在管理会计师资队伍及能力建设方面面临着巨大挑战，如何确保高校管理会计人才培养质量与市场需求相匹配，在高校管理会计人才培养中，对教师能力有哪些诉求，基于此，本书尝试以新文科建设为背景，以云南高校管理会计教师为研究对象，充分考虑大智移云物联网技术对管理会计的支撑作用，探索教师“六位一体”能力建设及实施路径，旨在丰富新文科背景下教师能力建设的模型构建内容，拓展新文科背景下新财经专业建设的研究范围，为云南省内开设管理会计课程的各高校教师能力建设与发展提供一定的理论参考和经验借鉴。

本书主要包括六部分内容。

第一部分是核心概念界定和理论分析。在收集、梳理和分析新文科、管理会计和教师能力相关文件、文献资料的基础上，对相关概念进行界定。对新文科背景下新财经专业建设面临的挑战和机遇进行理论分析，进而诠释新文科背景下管理会计教师能力建设和实施路径研究的重要意义。

第二部分是云南高校管理会计教师能力及建设现状分析。通过实地调研和问卷调查，从知识、技能和品性三个维度对云南省内设置管理会计课程的各类高校管理会计教师能力及建设现状进行梳理与分析，深度剖析云南高校管理会计教师能力及建设方面存在的问题及其形成的原因。

第三部分是国内高校管理会计教师能力建设成功经验借鉴。通过实地调研、问卷调查和文献研究，对国内财会专业知名院校的管理会计教师能力建设成功经验进行梳理和总结，以期为构建管理会计教师“六位一体”能力建设模型提供参考。

第四部分是新文科背景下云南高校管理会计教师“六位一体”能力建设模型构建。在云南高校管理会计教师能力及建设现状分析和国内高校管理会计教师能力建设成功经验借鉴的基础上，参考 Jessica (2009) 的“知识、技能和品性”三个维度，结合新文科建设背景、大智移云物联网技术对管理会计的影响以及课程思政思想的提出，从专业精深能力、数据挖掘能力、课程思政能力、商业实践能力、课堂教学能力和学术研究能力六个方面构建高校管理会计教师能力建设模型。

第五部分是新文科背景下云南高校管理会计教师能力建设实施路径分析。针对第四部分构建的“六位一体”管理会计教师能力建设模型，从专业精深、数据挖掘、课程思政、商业实践、课堂教学和学术研究六个方面给出新文科背景下云南高校管理会计教师能力建设的实施路径。

第六部分是新文科背景下云南高校管理会计教师能力建设的对策建议。主要围绕政府、高校和教师三个维度，提出具体的对策建议。其中，政府层面重点从出台扶持政策、优化体制机制方面展开；高校层面重点从完善师资/人才培养方案、加强资源建设、健全课程体系和优化考核评价方案等方面落实；教师层面重点从完善个人认知、积累理论知识和拓展实践经验等方面执行。

本书呈现以下特点：第一，融入课程思政思想，明确新文科背景下专业课立德树人的育人目标；第二，强调理论与实务并重，体现了管理会计的特性，教师商业实践技能的加强，有利于提高其案例教学能力；第三，表明教学侧重言传、科研侧重身教，强调学术研究能力，能够实现协同育人的目标。

本书在撰写过程中，牛欣、于小珂、陈超群、高建美、唐太燕、赵钰、费昀兴、赵鑫、陈鸿斌、浦祖蕾、刘开蓉等同学参与了大量工作，在此感谢他们的付出。同时，对云南师范大学管理学院诸位老师、同学前期收集资料付出的时间和精力一并表示感谢！

本书在撰写中借鉴了国内外教育界、业界专家的研究成果和相关学术著作，在此向作者深表感谢。

由于水平有限，撰写不免存在疏漏、谬误之处，恳请专家、读者不吝赐教，以便改进。

# 目录

# 第一章

# 核心概念界定和理论分析

## 第一节 文献综述

### 一、关于新文科的相关研究

新文科教育理念最早由美国希拉姆学院（2017）提出，旨在将新技术与老文科相结合。随后，我国引入“新文科”概念，并于 2018 年 12 月 20 日召开的教育部经济和管理类教指委主任委员联席会议上首次提出，会议主题为“新时代·新文科·新经管”，聚焦“如何建设新文科”。2019 年 4 月 29 日，教育部、科技部、财政部、中国科学院等多个部门和机构在天津联合举办“六卓越一拔尖”计划 2.0 启动大会，标志着国家层面的新工科、新医科、新农科、新文科建设正式启动。2020 年 11 月 3 日，全国有关高校和专家齐聚山东，共商新时代文科教育发展大计，并发布了《新文科建设宣言》。2021 年 2 月，教育部高等教育司印发了 2021 年工作要点，提出要深入推进包括新文科在内的“四新”建设。

“新文科”受到学术界广泛关注，学者对其概念进行了拓展与延伸。白贵和杨强（2021）从世界格局、社会需求、大学功能、学科关系、知识体系和思维方式等方面的变化阐释了新文科能有效应对时代之变的诉求。马骁（2019）认为，新文科建设的根本是优化课程设置体系、培养复合型人才。刘虎等（2020）认为，新文科建设拓宽了文科专业发展路径、重塑了文科人才培养理念和目标。张俊宗等认为新文科建设要高度重视中国语境与立场，重点从历史维度、中国维度等角度出发阐释新文科建设的内涵。陈凡和何俊（2020）认为，新文科的建设不仅是文理交叉融合的重复，更要将中国文化自信融入立德育人的工作中。王铭玉和张涛（2019）认为新文科概念以新科技革命、新经济发展为背景，从学科发展导向转变为需求导向，从服务性学科转变为支撑引领性学科。

## 二、关于管理会计的相关研究

管理会计，又称成本管理会计，是管理学与会计学交叉融合的一门学科。该学科旨在通过一系列专门的测算方法与技术，对企业内部的经济活动进行规划、决策、控制与评价，以支持企业战略的实施与日常经营活动的调整。潘飞等（2010）指出，由于管理会计起源于实务工作，该领域在不同时间受到环境因素的影响，出现了一系列没有关联性的先进技术理念，同时，管理会计在不同历史阶段受到其他学科的影响，产生了管理会计理论与方法。近年来，随着大智移云物联网技术的兴起，理论界和实务界对管理会计的能力框架进行了有益探讨，IMA 管理会计能力素质框架（2019）和 CGMA 管理会计能力框架（2019）相继推出，国内学者进行了评析（贾茜，2020），并从大数据、智能化视角对管理会计能力框架、人才培养与优化路径进行了研究（王钲翔，2022；章丽萍等，2020）。

## 三、关于师资能力的相关研究

在新文科背景下，作为高层次复合型财务人才培养的重要力量，高校管理会计师资能力建设刻不容缓。随着市场经济的不断发展，在智能制造与数智化时代的宏观环境下，会计人员的管理职能逐渐凸显，越来越多的企业和组织需要管理会计师为其提供专业的管理咨询以推进其健康持续发展。管理会计师作为财务领域的专业人才，可以更好地服务企业管理决策，帮助企业在竞争中取得更大的优势。新文科背景下，多学科交叉融合与大数据赋能等新型手段更新教学课程体系与方法，为管理会计师资提供了更好的培养模式和发展路径，在为企业和市场输送更多高端财务人才方面起到关键作用。因此，随着市场和企业对高端财务人才需求的不断增长，管理会计人才将在经济活动中扮演重要的角色，高校作为管理会计人才培养的主要力量，应在新文科背景下以市场需求为基础，对专业建设进行改革。

### （一）关于教师能力概念的相关研究

对于教师能力的概念，不同学者有不同的见解。Jessica（2009）认为，教师能力是指一名合格教师所应具备的能力集合与能够持续发展的能力，教师在连续、终身、专业的发展实践活动中能够表现得更加灵活、更加适应，教师能力分析目前主要集中于知识、技能和品性三个维度。Carl（2010）总结了美国教师能力研究的两条重要经验：其一是将教师为学科内容而准备和为社会公正而准备视为相互依赖的关系，其二是教师能力应该立足于人性和科学。王少爽和李春姬（2021）从信念、思维、知识和技能四个维度构建了教师能力结构模型，并从自主提升、协作提升和辅助提升三个提升策略出发构建了新时代语境下教师能力发展的“三位一体”模式。杨青（2021）基于新时代知识管理视角，将教师能力分为学科专业能力、教学工作能力、科研实践能力和知识转化能力。杨九民等（2021）从通用能力和学科能力两个维度出发，构建了智能时代卓越数字教师能力结构模型。

基于新文科背景研究教师能力的文献较少。张锋美和戴军（2020）引入混合教学模式对卓越中职教师实践能力的培养进行了探讨。郑爱香等（2021）认为，新文科建设背景下教师可以从自身素质、教学相长和团队建设三个维度提升自身能力以适应教育发展的要求。王钟杰和王晓亚（2021）认为，新文科背景下高校教师可以从师德素养、育德意识和育德能力三方面提高“课程思政”能力。倪丽（2022）基于新文科建设背景，构建了地方技能型高校多主体协同的智能财务信息化教学能力生态路径体系。

### （二）关于我国高校管理会计师资能力现状的相关研究

为了有效梳理我国高校管理会计师资能力现状并发现存在的不足，特从我国高校管理会计人才培养理念、课程体系设置、学科联合培养、产教融合渠道和考核评价体系五个方面进行梳理和分析。我国高校管理会计师资能力现状如图 1-1 所示。

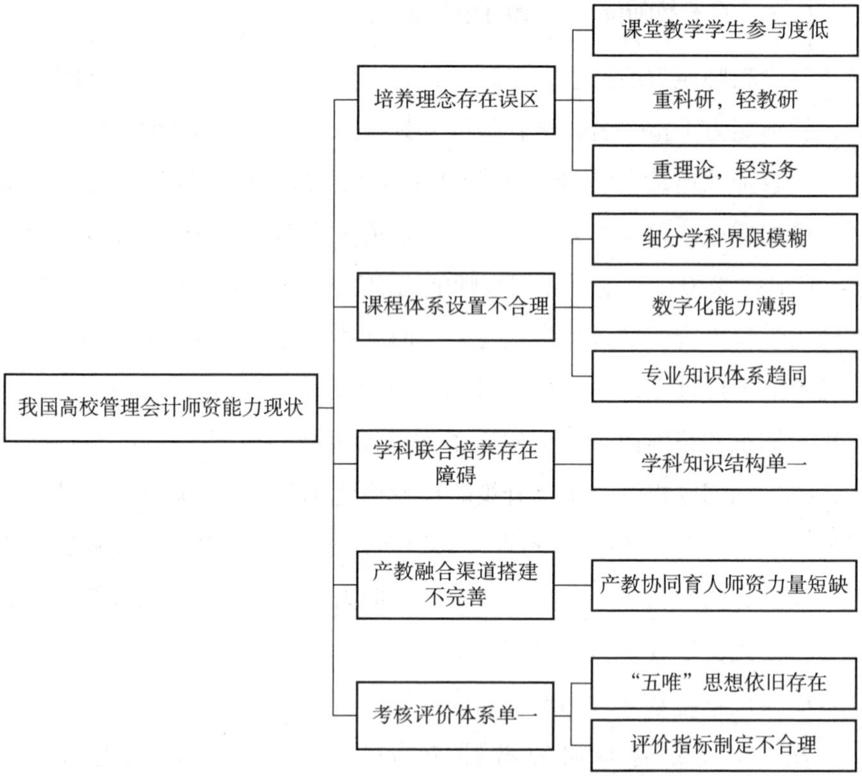


**图 1-1　我国高校管理会计师资能力现状**

1. 管理会计人才培养存在理念上的误区

由于部分教师观念落后，使得个人角色定位并没有发生实质性改变。一方面，课堂教学依然以教师为中心，学生并未真正参与其中，教学质量难以提高。曾光和黎新华（2023）指出，部分教师仍采用传统教学理念，以教师为中心，单向传授知识，缺乏互动式与个性化教学。而新兴技术所要求具备的团队协作、创新思维等能力，往往难以通过传统教学模式培养。

另一方面，财经类专业教师仍停留在“重科研，轻教研”“重理论，轻实务”的层面，导致学生对专业知识的掌握是“纸上谈兵”。教师对学生的培养理念未能根据数字时代发展及时更新，导致就业市场供需错配。孙明涛（2019）认为，高校教师课堂教学与课后考核方式过于传统，未能创新出契合社会发展需求的教学模式。高校教师工作重心大多侧重自身学术科研，对授课内容与方式关注度较低，学生在课堂学习中不能汲取到专业最新理论知识；授课内容与未来就业市场需求匹配度不高，便会令学生丧失主动学习的积极性，从而严重影响财会人才的输出。丁莹（2020）认为，高校对管理会计教师的培训内容以理论性知识为主，缺乏对该专业方向在实践工作中的实务性培训。在大数据时代背景下，教师自身具备的理论知识是"经济基础"，但对"上层建筑"的实务内容的研究与操作应用不足，以此种方式培养出来的学生会出现"重理论，轻实务"的能力不均衡的问题，这与学生毕业后的发展需求同社会对专业人才的期望严重不符。耿云江和常金晓（2017）认为，企业在进入大数据时代后，数智化发展方向改变了其所处的行业环境，进而对自身的经营战略、内部管理方法进行顺应时代发展需求的调整。然而，高校管理会计教学观念未能及时根据人才需求端的需求变化进行及时更新，使得学生在接受专业教育时，接受了较为落后的甚至是与现实脱轨的管理会计知识与方法，此现象不仅严重影响教师授课质量，而且使毕业生在实际工作中难以快速适应环境和岗位需求。

2. 课程体系设置不合理，与会计行业需求脱轨

当前我国高校新财经专业建设存在课程资源匮乏的问题。史维维（2016）认为，管理会计作为会计的分支，与财务管理、成本会计等其他核心课程有交叉部分，但教师研究领域仍较为单一，并且各门课程进行独立式教学，缺乏课程间的逻辑性联动与整合。这便导致了课程界限划分模糊的现状，课程授课质量降低且不利于会计专业下各细分方向的建设与发展。高婉莹（2018）认为，大部分高校教师自身信息技术基础相对薄弱，尚不足以开设互联网相关技术性课程，会计专业教学体系的缺失使得学生水平停留在基础软件的操作上，未能达到用人单位对数字化信息提炼与分析，以及服务于企业决策与发展的要求。同时，对专

业英语能力的忽视也在一定程度上影响了其国际化视野，难以促进国内管理会计与国际接轨的人才产生。此外，彭伟（2020）通过对16所不同地域高校教学内容的对比研究发现，教师未能根据就业市场需求及时更新自身知识体系，创新教学内容，使得课程设置的相似度高达76%，能够结合地域特色开发财经类精品课程的更是凤毛麟角。作为学生在读人数庞大的专业，如此趋同的教学体系，使毕业生同质化严重，不仅用人单位不同的用工需求未能得到满足，还会加大岗位竞争压力，造成数量饱和而质量堪忧的供需错配局面。

3. 与其他门类学科联合培养存在障碍

与传统会计学科不同，管理会计横跨管理学与会计学，其跨学科性质也对多学科知识进行有效融合与碰撞提出了更高的要求。孙刚（2021）通过对战略管理、预算管理、成本管理、财务预测及业绩管理等重要管理会计具体执行流程进行困境分析，得出管理会计应用的重难点偏向于非财务问题的结论，更加考验管理会计人员在实务环境中调动“人”的主观能动性，平衡利益关系，以及灵活运用管理会计知识的能力。目前，我国高校教师知识结构单一，会计类教师多侧重对传统会计的研究，对于其他融合学科的知识体系难以在短时间内建立，融合学科的教师对会计知识了解甚少，无法从会计专业角度出发对授课内容进行整合，最终导致学生知识体系分离。耿云江和常金晓（2017）认为，大数据时代，作为管理会计人员不能仅掌握财会专业知识，还需要具备一定的经济学、管理学等交叉学科知识，教师知识储备欠缺导致文理科交叉培养等理念难以落地实现。

4. 高校产教融合渠道搭建不完善导致人才培养错配

由于我国产教协同育人平台师资力量短缺，导致培养模式仍局限于学校内部，未能借助企业和其他社会力量，毕业生难以适应社会需求，造成企业用工难、学生就业难的困境，就业市场存在供需错配问题。彭伟（2020）认为，人才培养的主阵地高校与人才输送的最终目的地企业作为人才供需的两端在人才培养目标上趋同，双方本可以产教联手发展，优势资源互补融合，实现财会人才输送供需匹配，然而事实并非如此。刘晨（2022）认为，各利益主体权责不明确是产教融合模型效果不佳的主要原因，企业重视经济效益，而高校与政府主要承担的是社会责任，学校过度依赖企业资源，当企业对合作中的细则理解欠缺、落实不到位时，产教融合的连续性将无法得到保证。常会强（2023）指出高校管理会计教师普遍缺少实务经验，通常是闭门造车，在专业实践和创新创业方面无法给予学生有针对性的指导。即使教师在课程设置中加入产教融合的内容，也仅能够满足学生岗位职业素质要求，应用性不强，对社会服务能力也较弱。

5. 教师考核评价体系单一

高校教师考核问题是事关教育发展与人才培养的重要课题，对人才输送、专业建设乃至国家未来发展有重大影响。刘晨（2022）指出，商科专业的特点决定其强调实践应用，高校侧重于对教师科研能力的评价，导致兼具学术与实践能力的优秀教师流失。高校仍难走出“五唯”，即“唯论文、唯帽子、唯职称、唯学历、唯奖项”的困境。高校作为立德树人的主阵地，对学生开展的培育工作难以通过现有的评价指标体现，黄斌和孙庆霜（2023）认为，“五唯”评价的底层逻辑是将教师的贡献与绩效进行量化，此方法虽然可行性较高，量化结果清晰，但因追求定量统计忽视了定性指标，造成了教师追求数量化和功利化的问题。绩效考核作为调动教师积极性的决定性因素，其指标的选取与标准的制定应该更加科学严谨，而崔光彩等（2022）指出，部分高校仍存在思路传统、指标与目标脱离、指标未能根据不同层级进行细化等问题，加之考核结果缺乏必要反馈，导致教师并不清楚问题所在，与学校的培养目标南辕北辙。

### （三）关于新文科背景下我国高校管理会计师资培养提升路径的相关研究

经过梳理发现，我国高校管理会计师资能力存在不足之处，现从纠正管理会计人才培养理念存在的误区；构建师资能力框架，合理设置课程体系；培养教师多元化能力，消除学科联合培养障碍；搭建产教融合渠道，促进会计人才转型；完善教师聘任机制和考核评价体系五个方面梳理新文科背景下我国高校管理会计师资培养提升路径（见图1-2）。

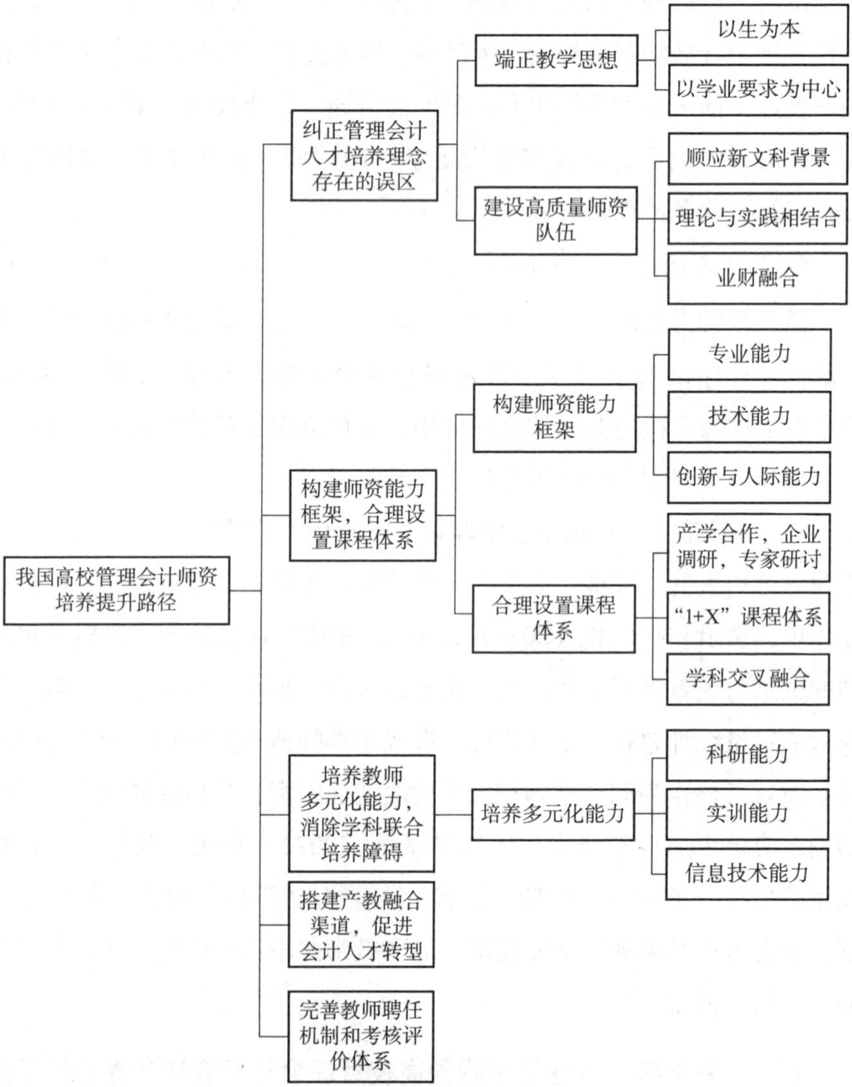


图1-2　我国高校管理会计师资培养提升路径

1. 纠正管理会计人才培养理念存在的误区

高校管理会计师资能力提升必须端正教学思想，打破传统观念束缚。王敏和金刚（2022）强调，“以生为本”的教学观念是高效率课堂的必然要求。应当摒弃“以教师为主体、以书本为中心、以传承知识为目的”的传统观念，改变根深蒂固的旧有教学思想，调动学生主观能动性。彭跃龙（2023）认为，传统教学模式中，学生通常处于负责听讲以及记录，被动式接受教师灌输知识的状态。这种学习方式不利于拓展思维，培养学生自主学习能力。在新课程改革（课改）政策的推动下，师资能力培养应当打破传统思想束缚，摒弃旧有观念，端正教学思想，以生为本，以学生学业要求为中心，培养新型复合型人才。

同时，高校管理会计师资培养应当顺应数智化时代发展的需求，以培养全口径、完整链条的高质量师资队伍体系为目标，聚焦深层次矛盾，推进管理会计师资顶层建设。刘双平和郭赞伟（2020）指出，大智移云时代财经类人才需求发生巨变，管理会计师资队伍建设要与新文科背景相结合，进行转型与提升。丁莹（2020）认为，管理会计课程改革要与教师理论、实践和职业素养培训相联系，切实针对大数据与会计、战略财务、智慧财务等方面进行研究分析，为管理会计师资培养提供新的方法和路径。杨璠（2022）认为，要打造跨界融合的教师团队并通过管理会计与数智技术协同发展共同推动企业的创新发展。

2. 构建师资能力框架，合理设置课程体系

新文科背景下，对管理会计师资能力框架进行改革是筑基提质、做优建强、合理设置课程体系的关键。通过构建新财经专业师资能力框架，有效提升现代信息技术应用水平，改善课程体系趋同及就业市场供需错配的问题。耿云江和常金晓（2017）认为，基于新文科背景和管理会计职业能力框架，结合高校会计专业学生实际情况，针对高校管理会计师资具体情况构建教师能力框架。其中，专业能力包括财务会计能力和管理会计能力；技术能力包括现代信息技术及财务软件应用能力，新文科背景下，管理会计教师须熟练应用计算机及财务系统软件，运用互联网、云计算来关联、挖掘、分析财务数据；创新与人际能力包括思

维拓展能力、团队沟通能力、组织协调能力。丁莹（2020）强调响应时代发展号召，根据专业现实需要，提高教师职业价值观、职业知识与职业技能，构建高校管理会计师资能力框架，培养能够提供精确数据、进行高效决策的专业人才。其中，职业知识包括会计基础知识、管理资质等专业知识以及计算机科学、统计学等其他知识，职业能力包括数据挖掘及分析能力、问题解决能力等，应当以职业知识为基础，其他知识加以辅助，体现会计人员职业能力与素养。

同时，对管理会计课程体系进行改革和创新是顺应数智化时代发展、培养创新人才、促进就业市场供需适配的必要条件。杨帆（2017）提出与职业标准对接的财务会计课程教学创新方式，通过产学合作、企业调研、专家研讨等方式优化教学内容、设计课程实践环节、改革教学模式等，增强管理会计课程的市场适应性，也能在一定程度上促进管理会计师资培养。丁振国和郭亚娜（2020）注重构建X课程与专业、学分、课程之间的关系，尝试搭建新的课程体系，对人才培养方案进行修整，推进课程与“1+X”证书的融合。通过探索多种途径的“课证融合”方式，打造特色管理会计课程体系。杨鹏程等（2022）认为，要充分立足市场需求，通过优势学科带动边缘学科及辅助学科，促进学科间的交叉、渗透和融合。将管理会计学科与信息技术、运筹学、供应链管理等学科有目的地结合起来，发挥管理会计学科优势，打造专业课程体系。

3. 培养教师多元化能力，消除学科联合培养障碍

马永红和张晓会（2023）认为，实现跨学科发展有三种发展路径，学科共生帮助强势学科辅助弱势学科发展，或者“强强联合”实现各自学科的跨越式发展；学科共栖指被依赖学科在合作中逐渐吸收其他学科理论，提升本学科的跨学科属性；学科共融是最高层次的融合发展，旨在完全打破学科界限，融合构建全新的知识体系。培养管理会计教师多元化能力是提升师资综合水平，促进学科交叉融合的有效途径。戴伟娟（2018）认为，管理会计师资队伍科研能力的提升有助于反哺教学能力和实践能力。通过建立师资队伍人才库，吸纳管理会计专家，为后

续教学储备师资力量。不定期组织管理会计教师与合作企业、管理会计高端机构、兄弟院校进行学术交流。王竞等（2019）强调教师实操能力的提升，提倡建设一支“校企共训”的师资队伍。一方面，校内教师积极参加企业组织的专业培训，每年至少在企业或实训基地实训一个月，提升自身实操能力；另一方面，建立健全高校选聘兼职教师办法，引入企业专业培训师资，促进企业技术人员与高校管理会计教师双向流动。丁莹（2020）认为，新文科背景下，应当组织高校教师参与计算机职业能力培训，培养其数据收集、整理与分析能力，提高信息挖掘与应用能力，并将其转换为实际教学中发现问题、分析问题、解决问题的能力。同时，由于现代信息技术的支持，数据更加精准全面，管理会计分析及预测能力发生变革，预测预算管理更加准确有效。教师多元化能力培养过程需要注重这一改变，深入了解行业发展战略。

4. 搭建产教融合渠道，促进会计人才转型

了解前沿动态，针对会计应用性教育进行师资培养改革有助于促进会计人才转型。李娜（2019）认为，高校应当鼓励教师参加线上线下理论培训和实际操作培训，吸收管理会计专业前沿知识，拓展专业思维。政府制定政策导向，高校开展课程培训，企业提供实训平台，激励教师考取资格证书，提升管理会计师资队伍创新性与稳定性。丁莹（2020）强调，新文科背景下，高校管理会计专业应当从师资能力培养方面进行“会计应用性教育改革”。随着“财务共享”“业财税一体化”理念的提出，未来会计专业朝“会计+”或“+会计”的方向发展。高校应当紧跟财务共享专业建设步伐，针对智慧财务共享、大数据会计进行深入分析和研究，为管理会计师资培养提供新思路。财务共享培养模式可以作为管理会计师资培养规划的创新点。同时，师生可以协调发展、共同成长，结合高校自身办学条件及教育资源，针对管理会计岗位实训、设备操作等方面问题进行改革，创新发展现代培养模式。原和平等（2023）认为，基于新文科与会计专业的岗位特色和教学特点，高校应深化校企融合，构建业财税一体化平台，开展智能财税、财务共

享、业财一体信息化教学，夯实大数据与会计应用基础，培养适应新文科教育发展需求的新型会计师资。

5. 完善教师聘任机制和考核评价体系

严明的聘任机制是师资管理的重要前提。张万朋（1998）认为我国的教师职务聘任制在人事制度配套改革方面的步伐缓慢，并且缺乏相应的职务评审权，而美国高校在聘任过程中有较大的自主权。这对我国教师聘任制度的改革与发展具有一定的指导意义，给予高校一定自主权可以灵活地对聘任过程进行控制。同时应注意国家政策的连贯性，其也在一定程度上促进了我国教师职务聘任制的发展。张迪晨（2014）强调，美国采用“透明化、竞争化”的教师聘用制度，在禁止“近亲繁殖”的基础上，进一步细化教师录用标准并将其进行程序化建设，以公开、广泛地招聘人才，保障师资队伍的健康发展。这种面向社会的公开招聘机制，不仅可以为学校注入新鲜血液，有利于不同学术思想的竞相迸发与激烈碰撞，形成“百家争鸣，百花齐放”的局面，而且“任人唯贤”的优良机制为管理会计教师团队开辟了“绿色通道”，使其“有标准可依、有标准必依、执行标准必严、违反标准必究”，营造公开、公正的良好竞争机制。

此外，完善教师考核评价体系是健全师资管理制度的重要内容。徐梦夏（2015）认为我国高校人才评价体系在实施过程中存在一定的问题，部分高校评价体系主观化且存在形式主义，其结果的运用不合理，反馈机制匮乏。孙昕光（2017）认为我国人才评价机制存在评价体系模式化等问题。人才评价体系在师资管理与人才培养中发挥着至关重要的作用，我国在优化教师评价考核体系方面也做出了诸多努力。2018年，中共中央办公厅、国务院办公厅印发《关于分类推进人才评价机制改革的指导意见》，指出分类健全人才评价标准、改进和创新人才评价方式、加快推进重点领域人才评价改革，为健全高校师资人才评价体系提供了政策指引与方向。黄明勇等（2021）进行“破五唯”背景下高校人才评价机制研究，按照分类评价、同行评价、代表作评价的人才评价要求，建立健全考核评价体系，解决人才分类、评价标准、评价方式和评价结果运用等问题。我国虽在师资人才评价方面取得了一定成效，但仍需对其进行改革和完善。詹晶（2022）认为，为进一步适应新文科建设发展，高校亟须构建符合发展要求的多维度教师教研科研评价体系。首先，对理论型研究成果与应用型成果进行分类，根据研究性质进行评价标准的制定。其次，教师的首要任务是教书育人，育人效果应被纳入评价指标体系的构建，考核教师是否能将优秀的科研成果转化为教学资源，增加教师指导学生参与科研活动的考核指标，多层次、全方位地对教师科研认可度进行评价。

### 四、文献述评

综上所述，现有文献基于新文科、管理会计、师资能力进行了有益探讨，研究对象多聚焦于高职院校和外语院校的教师，较少文献基于普通高校或会计类专业领域的教师能力进行研究。现有研究管理会计能力框架和人才培养的文献较多，但鲜有研究管理会计教师能力的文献。在新文科建设背景下，大智移云物联网技术给会计类专业人才培养定位、培养模式带来了挑战和机遇，对相关专业课教师能力提出了更高的要求。如何确保高校管理会计人才培养质量与市场需求相匹配？在高校管理会计人才培养中，对教师能力的诉求又是什么？基于此，本文尝试以新文科建设为背景，充分考虑大智移云物联网技术对管理会计的支撑作用，构建云南高校管理会计教师“六位一体”能力建设模型，并提出相应的实施路径。

## 第二节　相关概念界定和理论基础

### 一、相关概念界定

#### （一）新文科

文科是人文社会科学的简称，根据我国《普通高等学校本科专业目录》可知，除理学、工学、农学和医学外，哲学、经济学、法学、教育学、文学、历史学、管理学、艺术学等学科门类均可纳入“文科”范畴。而新文科是相对于传统文科提出的，指将现代信息技术融入传统文科课程中，形成文理交叉，为学生提供综合性跨学科学习平台，实现知识拓展和创新思维的培养目标。

### （二）管理会计

管理会计即成本管理会计的简称，是一种将管理与会计融为一体，运用科学的方法，深度参与管理决策、制订计划与绩效管理系统、提供财务报告与控制方面的专业知识以及帮助管理者制定并实施组织战略的工作。

### （三）教师能力

教师能力指教师为了成功地进行教育活动所必须具备的各种能力的组合。

## 二、理论基础

### （一）教育学理论

教育学理论是关于教育活动及其相关现象的系统性知识和观点的总和，包括学习理论、教学理论、教育心理学、教育哲学、教育社会学、教育经济学等。其主要作用包括指导教学策略，设计课程内容，评估学习效果，理解学习者差异并形成教育政策。教育学理论帮助提高教学质量，个性化教育体验，并支持教育政策的制定，旨在培养全面发展的个体，有效应对社会需求。

### （二）管理学理论

管理学理论是关于组织和个人管理活动的广泛研究，探索如何有效地运用资源以实现组织的目标。管理学理论提供了不同的视角和工具，帮助管理者处理日常的管理问题和决策过程，主要包括组织行为、领导理论、决策理论、组织设计、人力资源管理、战略管理等。管理学理论试图解释和指导管理实践，帮助管理者更有效地管理组织和人力资源，实现组织的目标。管理学理论为教育管理者提供了一套工具和方法，用于提升师资队伍的管理能力，这直接影响到教学质量和学生的学习成果。通过科学的管理实践，可以构建一个更高效、更动态、更具吸引力的教学环境。

### （三）会计学理论

会计学理论，包括财务会计、成本会计和管理会计，为教师的专业技能提供了极富价值的参考。财务会计准确记录和报告信息的原则能提升教师课堂管理和与各类利益相关者交流的效率。同时，通过理解成本会计，教师能够更有效地管理和最大化利用如时间、教学材料等资源，从而提高教学效率。并且，借鉴管理会计的内部决策制定方法，教师可以根据学生的表现和需求，对教学计划和策略进行更有针对性的调整。虽然会计学理论主要用于商业环境，但其核心思想和策略在教学场景中同样具有广泛的适用性。

### （四）能力模型理论

多元智能理论和能力成熟度模型（CMM）为理解和评估教师的能力水平提供了有力的工具，并且指导如何提升这些能力。

多元智能理论由霍华德·加德纳提出，它认为智能不仅包括语言和逻辑数学能力，还包括空间、音乐、身体运动、人际交往、内省等多种智能。这一理论可以帮助教育管理者识别教师在不同智能领域的强项和弱点，从而为其提供更加个性化的发展计划，使他们在教学中能够更好地发挥自己的独特优势。多元智能理论与新时期高校人才培养目标不谋而合，因此被应用至高校教学改革发展中，随着高校逐步推进创新教学及智能化教学平台的搭建，该理论在高校教学体系构建中得到了更为广泛的应用，帮助实现教学效果的最优化，促进学生智能的全面挖掘和发展，培养符合新时代要求的创新型人才。当前，思政课教学仍将学生在教学活动中的表现作为主要考核基准，对学生展现出的批判性思维能力、创新能力、道德品质等方面缺少关注，加之评价主体单一、缺乏有效的评价工具，造成了“唯分数论”，未能实现思政教育对学生成长发展的激励作用与引导功能，也未能充分发挥多元智能理论对学生的个性化培养的作用。

CMM 是美国卡内基梅隆大学软件工程学院提出的一套具备组织性的系统工程和软件工程整合模型，它是一种改善软件项目流程的重要工具。借助 CMM 的基本思想，可以通过改善组织流程、工作目标和组织活动优先级，整合企业零散的组织功能和活动，为评估和优化企业的运行程序，提高公司管理效率提供管理支持。后来这一模型也被应用于更广泛的领域，包括教师能力的评估和提升。通过定义不同级别的成熟度标准，教育机构可以更系统地评估教师在职业发展各阶段的能力水平，并据此设计培训和发展项目，以促进教师能力的系统提升。国内学者将 CMM 与组织知识管理流程相结合，提出了不同知识管理能力等级所对应的阶段性知识管理特征、管理目标和关键活动特征。但 CMM 应用于高校科研项目管理仍有不足之处，因此基于 CMM，将卓越绩效评价准则融入模型中，构建了 EPAP-CMM 模型，将高校科研能力划分为五个成熟级别，此模型既得出了高校当前的成熟度，又指明了与下一阶段成熟度的差距，为未来高校科研发展指明了方向。

### （五）创新教育理论

创新教育理论对提升教师能力具有重要作用，通过培养教师在创意思维、批判性思维、合作学习和技术融入等方面的技能，可以显著提高教师的教学效果和职业发展水平。

首先，通过学习和实践创意思维，教师可以开发出更多富有创新性的教学策略，更有效地激发学生的学习兴趣和创造力。其次，批判性思维的培养使教师能够更深入地分析教学内容和方法，从而做出更合理的教学决策。再次，合作学习的技巧训练帮助教师在课堂上更好地管理和引导学生团队，促进学生之间的有效互动与合作。最后，技术融入的技能使教师能够更灵活地运用现代教育工具，提高教学的多样性和接受度，适应现代教育的需求。这些能力的提升不仅增强了教师的教学技能，也为他们在教育行业的长远发展提供了强有力的支持。

## 第三节　新文科背景下新财经专业建设过程中面临的机遇和挑战

新文科建设对高校育人提出了新的要求，为人文社科专业可持续发展指明了道路，同时给新财经专业建设带来了机遇和挑战。只有在新文科背景下抓住机遇，迎接挑战，不断革新，调整专业定位，明确人才培养方案，才能最终培养出符合时代发展需求的新型复合型人才。

### 一、新文科背景给新财经专业建设带来的机遇

新文科建设旨在培养跨学科交叉型人才，进一步明确了新财经专业应用型、复合型人才培养的目标，以时代背景为基础，适应社会发展趋势，符合现代企业需求，致力于探索推进产教协同育人平台建设，培养学生解决岗位实际问题的能力，提高实训教学质量和产教融合水平，推动就业市场供需适配。

#### （一）新文科建设为跨学科专业发展提供了可能

当今世界迎来新一轮科技革命，科技革命正以前所未有的速度推进，我国迈入了“大智物移云”的新时代。在这个新时代，科技的迅猛发展使得单一学科知识体系难以满足社会日益增长的多元化需求。因此，跨学科资源整合成为新时代学科建设的重要发展趋势，也是推动社会进步和科技创新的关键力量。为了响应这一趋势，我国教育部门发布了《新文科研究与改革实践项目指南》。该指南明确指出，文科教育必须紧跟新一轮科技革命和产业变革的发展趋势，积极推进人文社科与现代信息技术的深入融合。这不仅是为了深化我们对世界的认知，也是为

了凝聚社会共识，明确文科教育在新时代的发展方向。

新文科建设的核心目标就是打破传统学科之间的壁垒，实现跨学科资源的有效整合。这既包括文科专业之间的深度融合，如历史学、哲学、文学等学科之间的交叉合作，也包括文科与非文科之间的交叉融合，如文科与理工科、医学等学科的跨界合作；同时，还要推动文科专业与现代信息技术的交叉融合，利用大数据、云计算、人工智能（AI）等先进技术为文科研究提供新的工具和方法。通过这种交叉融合的方式，我们可以为文科发展注入新的活力，推动文科、非文科间形成联系密切的科研与教学团队。在这样的团队中，不同学科的专家学者可以互相学习、互相借鉴，吸收不同学科的研究方法与理论知识，共同推动各个专业的有机融合和衍生。这不仅有助于推动新财经等专业的发展，也将为培养新型复合型人才提供有利条件，为我国的社会发展和科技进步做出更大的贡献。

### （二）新文科建设为教学模式革新指明了方向

现行的财经专业教学模式偏向于构建完整、系统的知识理论体系，实务能力并未得到重视。即使高校设置实训课程，也只是流于形式，仅停留在走访企业参观，或手工记账、电子记账的实操性训练，缺乏案例性教学。新文科建设对新财经专业教学模式提出了新的要求，将“学以致用”的培养观念融入教学之中，注重对实训能力的提升。一方面，探索多元化教学模式，如产教融合、体验式教学等，提升实践能力；另一方面，打破文理学科界限，融合现代信息技术、智能教学手段等，利用大数据和模型技术，高效整理、分析数据，丰富新财经专业教学模式革新的可能性，运用翻转课堂等教育方式，联通线上线下，实现有效育人。

### （三）新文科建设为新财经专业人才培养明确了目标

随着数智化时代的到来，管理会计人员须具备一定的数智能力以适应财务 BP（业务伙伴）、财务 BI（商务智能）、财务 BA（业务分析）等新型管理会计岗位的需要。但目前，高校财经类专业仍沿用传统的培养方案，使得毕业生难以适应社会需求，造成企业用工难、学生就业难的困境，就业市场存在供需错配问题。新财经专业建设应该从人才需求侧出发，深入探讨财务智能化背景下我国财经人才的角色定位，分析当下我国财经人才需要具备的个人素养与专业能力，打破培养模式局限于学校内部的现状，借助企业和其他社会力量，跨越学科壁垒，积极探索高校产教一体的培养模式，以社会需求为导向，培养应用型、复合型人才。

## 二、新文科背景下新财经专业建设过程中面临的挑战

新文科旨在重塑具有综合素质和跨学科思维的文科学科发展方向，使其与自然学科进行深度耦合创新与应用，以培养兼具人文涵养、家国情怀与专业素养的新文科人才队伍，形塑复合型专业人才与学科专门人才新格局。我国文科领域发展取得众多成就，其发展特点和状态更具“中国特色”与“现代化”，但我国师资能力建设存在困境，给师资培养带来了“阵痛”。

### （一）学科交叉融合成为新时代学科建设的发展趋势

跨学科是多知识主体共同作用的产物，跨学科人才培养是新文科建设的重要内容，高校教师作为具备高水平教学科研能力并且可以调配多重资源，进行跨地域学科发展的重要主体，在新文科建设进程中发挥引领性作用，以问题为导向，整合学科知识，组织多主体协作来打破学科界限，融通各领域研究内容，形成交叉融汇的理论与方法，促进学科发展。高校管理会计教师要在掌握本学科领域前沿话题的基础上，熟悉交叉学科理论知识和话语体系，探索基于多学科交叉融合的新课程体系、教学内容和培养方式。

相较于传统文科，新文科由注重培养学生专业素养转变为培养学生综合素质，以促进学生全面发展与适应就业市场需求为根本出发点。随着新文科概念建设的提及与推进，高校逐渐形成学科融合发展的观念，

但在学科建设的过程中缺乏一些必要条件，如师资储备、师资个人能力等。因此，要建立健全教师培养机制，促进教师培养体系规范化、系统化和效能化，打破学科壁垒。例如，在教学设计方面，把打造“学科群协同共育生态圈”作为重点，积极构建学科集群平台，促进跨学科交叉融合。

当今时代发展需要财会人才具备较高的跨学科知识综合运用的能力，这就需要匹配跨学科甚至跨学院的师资力量进行协同培养。会计人才培养方案中设计了相关课程，但本学院教师缺乏跨学科背景，无能力进行独立教学，同时，相关学院教学任务重，无法兼顾其他课程的教授，以致出现了有课程无师资的尴尬局面。即使高校教师发挥主观能动性提升自身能力，但进行跨学科的学习需要系统完整的培训，并且学习周期较长，最终往往出现事倍功半的情况，既影响教师深耕精进本专业教学教研，又降低教师拓展学科知识的积极性，难以实现学科间耦合。与此同时，部分教师在终身聘任机制下，缺少提升动力，加之学校缺乏配套的评价考核体系，教师能力评价指标单一，教师不会主动寻求改变。新文科建设通过促进文理工农医多学科交叉融合，逐步打破学科屏障与专业壁垒，高校教师积极开拓新研究领域，创新教学模式与内容，产生新研究成果。与此同时，传统评价思维可能导致评价结果不尽合理，传统评价体系不适应数字时代发展需求。新文科建设据此提出提升评价信息化水平，构建多维度评价体系的新要求。

此外，通过数据分析可以得出，我国众多高校未能建立跨学科研究组织，并且部分组织科研活动产出少，未能形成数量与质量良好发展的态势。一方面，高校结构的建立以单一学科为底层逻辑，削弱了跨学科发展的内生动力；另一方面，学科设置将知识孤立地划分成单元，而跨学科是根据内在联系对孤立单元进行逻辑调整，习惯性学科抱团发展也对新文科发展产生一定程度的阻碍。高校多学科研究组织为教师学科知识扩容提供了良好平台，不同学科间的高水平教师以课题为契机进行多角度、深层次的交流合作，而教师如何协调平衡本学科教学教研任务与联合学科合作成为师资力量培养的难点。不同学科、不同研究方向之间存在差异，使得学科联合培养在师资层面便存在一定的困难性，学科融合受到了机制上的阻碍，不同学科之间界限分明，资源共享和跨学科合作更是困难重重。

### （二）数智化时代财会人才能力转变

在产业变革转型的关键时期，传统会计专业的教学模式与教师个人素养的要求都难以适应当下环境变换，新兴技术与能力素养的涌现较大程度地重塑了高校人才培养和师资储备的目标，高校教师不仅需要更新教学内容，培养出与社会需求匹配的高素质、高能力人才，也要加强自身能力建设，与时俱进。目前，高校教师在传统会计理论知识研究方面有较高的造诣，在多年的经验积累中形成了稳定的教学风格与知识素养。然而，数智化时代对教师能力的要求不再仅是掌握专业相关基础类知识，而是侧重数字素养与数据管理应用，这也是绝大多数高校教师欠缺的方面。教师若要做到授业解惑，首先要提升自身水平。例如，云计算、人工智能，尤其是ChatGPT的出现，给传统文科教育理念、模式以及方法等带来严重冲击和深刻变革，意味着高校教师需要掌握数据获取和应用的能力，尤其是学生学习过程、特征、结果等方面的数据，基于此进行学情分析和反馈评价，从而有效开展学习指导。此外，建设“数智化”团队是促进会计专业课程优化的关键，高校应组织授课教师参加大数据相关技术的培训，让其明确数据从捕获到运用的全流程，体会知识难度，形成教学思路，确定学生应该具备哪些方面的能力，在日后的教学工作中做到重点明晰，理论与实践相结合，合理进行教学任务安排。

师资培养除了需要重视自身能力的发展，还需要改进教学模式。新文科建设与数字化教学能否有效推进，教师是关键要素。教师应具备数字教学的信息素养和能力，利用技术便利提高知识储备量，充分挖掘并引入与课程相匹配的优质数字化资源，打破使用单一教材教学的局限，对课程内容进行有效补充。智能技术已经有针对性地研发出新兴的教学模式，协助教师更好地进行日常教学。另外，理论知识在线教学、慕课（MOOC）课堂及实训课程异地同步等智能技术的开发与运用已较为成熟，这表明智能化教学面临的问题不是缺乏技术支持，而是教师如何将新技术融入课堂，实现教学高效、高质开展。

### （三）新文科建设引导产教融合

《国务院办公厅关于深化产教融合的若干意见》（国办发〔2017〕95 号）要求形成教育和产业统筹融合、良性互动的发展格局，强调推进产教协同育人。这一要求与新文科建设在理念和行动上一脉相通、相互承接。产教融合对于学校而言是一种新型育人方式，而对于企业来说是一种新型运营方式。这一方式既需要熟悉政府政策与产业事务、理论知识扎实、资源转化能力强的校内专业师资，又需要能胜任实训指导的校外兼职师资。而高校教师普遍缺乏深入的企业背景，难以始终与行业保持同步发展。因此，适用于产教融合协同育人的师资队伍不仅人数偏少，而且由于发展模式差异等因素的影响，师资能力培养也存在现实困难。在产业发展与财务工作高度融合的背景下，教师能否亲身走向一线企业岗位，通过实践形成较为全面的教学思维，将复杂的事务工作精简处理成学生易懂的知识，是今后高校师资质量提升的关键。高校教学不仅需要理论知识作为基石，更需要相关实务案例分析作为能力应用与锻炼的资源。新文科背景下的人才培养不能局限于课堂，而是需要适应行业与技术发展，通过多领域、多途径的产学研联盟、校企联盟、院院联盟等组织以及国际交流、校际交流等方式实现，这就要求高校管理会计教师冲破原有发展模式，积极参与企业事务，以身作则，加强与社会联系，通过为企业提供咨询服务、企业挂职等方式提高自身实践能力，将企业真实问题融入课堂。然而，业财融合模式下，一笔经济业务的完成需要整个业务流程相关部门的参与，高校难以精准复制模拟教学所需的资料与数据，各环节完成度的折扣使得整体教学效果不尽如人意，而相关企业出于商业机密的考虑不愿提供详细资料。

## 第四节 新文科背景下管理会计教师能力建设和实施路径研究的重要意义

### 一、建设现代化强国和教育强国的必然要求

2023 年 5 月 29 日，中共中央政治局就建设教育强国进行第五次集体学习。习近平总书记强调，教育兴则国家兴，教育强则国家强。由此可见，构建高水平、高质量的教育体系是全面建成社会主义现代化强国的重中之重。新文科建设以培育时代新人为根本任务，以实践问题为导向，打破传统文科桎梏，对接国家发展战略。而对管理会计教师能力建设和实施路径进行研究有利于打破学科壁垒，通过多学科集群融合实现知识生产与再生产的重组与建构，促进专业协同发展，培养现代化强国建设所需的应用型、复合型人才。

### 二、推动学科发展的必然选择

随着新工科、新医科、新农科、新文科建设的不断推进，新财经专业革新在新文科建设中占据重要地位。从我国目前高等教育现状来看，大部分高校仍沿袭“知识本位型”的知识体系构建方式，与现代信息技术融合度不足，学科边界并未实现突破，与就业市场需求吻合度也不高。即使已经加强对产教融合、科教融合等“跨界融合”的重视程度，但仍然不深入，实操能力未能达到就业市场标准；此外，尚未形成“数智赋能、多元协同”的新财经人才培养理念，未能充分利用智慧教学工具，教学方式陈旧且手段单一，这与新文科建设的新要求并不吻合。管理会计教师能力建设和实施路径研究致力于构建“价值引领·文化培养·素质扩展”的多元联动新财经培养模式，着力培养具备家国情怀、信息技术、专业知识和职业素养的新财经复合型人才，是强化价值引领、促进专业优化、夯实课程体系、推动模式创新、打造质量文

化的必由之路。对教师能力建设和实施路径进行研究有利于充分利用情景仿真等新技术提升科研成果的信度和效度，为新文科建设提供更广阔的学术空间；可以深层次打破学科壁垒，将现代信息技术融入新文科教育，实现自我改弦更张，是推动学科发展的必然选择。

## 三、培养高质量管理会计人才的必由之路

会计职能正在从传统的确认、计量、记录和报告向价值管理和决策支持等转型，特别是人工智能、电子会计凭证等新技术、新事物的出现，给会计行业带来了深刻变革，传统会计人才无法适应经济发展的需要，管理会计专业人才匮乏成为制约会计职能转型的“瓶颈”。高校作为人才培养的主阵地，其专业教育水平直接关系到业界会计人才的补给能力。高校必须保证教学水平，发挥学校对学生的指引作用，培养学生综合能力和商战实力，适应就业市场需求。对管理会计师资能力建设和实施路径进行研究，有利于提升师资队伍建设质量，反映新财经专业教学水平，提升高校办学声誉，扩大专业办学规模，进而推动管理会计人才队伍的发展壮大。探讨管理会计师资能力建设是新文科背景下培养高质量管理会计人才的重要实践，更是必由之路。以教师能力建设带动人才能力培养，实现“认知与实践—熟知与实操—蜕变”的过程。

## 四、发展新质生产力的必然之举

新质生产力强调以创新为主导，摆脱传统经济增长方式、生产力发展路径，是具有高科技、高效能、高质量特征的先进生产力。新质生产力的发展需要新文科和新财经专业提供人才支持。新文科培养的学生具备跨学科的知识和能力，能够更好地适应新质生产力发展的需求；而新财经专业的学生具备与国际接轨的财经规范和标准，能够为企业和社会提供更高水平的财经服务。同时，新文科和新财经专业的发展也需要新质生产力的推动。新质生产力的发展会带动整个社会的科技进步和产业升级，从而为新文科和新财经专业提供更多的发展机会和空间。

# 第二章

# 云南高校管理会计教师能力及建设现状分析

近年来，人工智能、云计算、区块链、AI 算法等新技术革命对财务工作产生了重大而深远的影响，如今管理会计被大量新技术渗透，如预测分析、认知计算、机器学习以及流程自动化等，财务人员向管理会计师转型已经成为未来发展的必然趋势。习近平总书记在中共中央政治局第三十四次集体学习时强调，要站在统筹中华民族伟大复兴战略全局和世界百年未有之大变局的高度，充分发挥海量数据和应用场景优势，促进数字技术和实体经济深度融合，赋能传统产业转型升级。当前我国正全面推进“数字产业化”和“产业数字化”，数字技术通过“数字产业化”和“产业数字化”垂直赋能关系实现价值增值，推动相关产业在生产方式、产品形态、经营方式、商业模式等多维度产生深刻变革，并涌现出诸多新职业和新岗位。自 2022 年起，人力资源和社会保障部公布的新职业中至少有 50 个与数字技术相关。就管理会计专业而言，财务 BP 岗、财务 BI 岗、数据分析岗以及 SAP 财务顾问等一系列新型职业在数字经济时代应运而生。专业人才需要适应以数据资源为关键要素的产业数字化转型要求，因此，师资培养不仅需要具备解决某一专业领域问题的能力，而且需要具备“数据驱动”解决问题的能力。同时，数字化融合也体现了新文科的价值意蕴和时代特征，即新科技发展与文科融合引致的文科新增长点和传统文科专业、课程以及人才培养的更新换代。

新文科是一个全新的教育理念，强调跨学科、跨专业，全面、多元、创新的教育，倡导跨学科学习不是简单的课程堆砌，而是要求学生在不同领域之间建立知识联系，形成更为完整的理论体系。在这一理念指导下，高校在课程设置上也开始从独立的专业课程向综合性、多元化的方向发展。随着人才市场对新型复合型管理会计人才需求的转变，对师资知识、技能、品性三个维度的能力提升也刻不容缓。总而言之，教师能力是教师开展教育教学和与之相关的活动的基础，教师能力的提升应当将科研与实践统一于教学，应当基于教育本位确立教师的专业发展观，提升教师知识、技能、品性维度的能力。

## 第一节　知识维度：理论知识匮乏，科研动力缺失

### 一、云南高校管理会计教师知识维度能力建设现状

本科院校教师与高职院校教师在理论知识重视及掌握程度上存在一定差异。其中，本科教师通常具有硕士或博士学位，学术背景较为深厚，并且经过系统的研究方法和理论知识培训，具备较强的科研能力和学术素养。其所在的本科院校普遍具备更加丰富的科研资源，如充足的研究经费、设备、实验室和图书馆资源，并且有完善的支持体系，包括科研项目申报和学术会议支持等。因此，本科教师通常需要承担较多的科研任务，发表论文、申请科研项目和参与学术会议是他们的重要职责，从而推动他们不断提升知识维度的能力。在研究方向和研究深度方面，本科教师的研究通常较为深入，涵盖理论研究、实证分析和案例研究等多个方面，正因专注于某一特定领域，所以他们往往在学术上有所突破和贡献。相比之下，高职院校教师大多具有本科或硕士学位，更多地侧重于教学实践，理论知识体系不如本科教师完善，并且高职院校的研究资源相对有限，研究经费和设备较少，研究支持体系也不如本科院校完善。此外，高职院校教师的教学任务较重，对科研的要求相对较低，他们更多注重教学质量和学生实践能力的培养，研究方向更多以实践为导向，关注实际应用和教学案例的开发，研究深度相对较浅，所以对于高职院校教师而言，提升师资知识维度的能力刻不容缓。

对云南高校管理会计教师能力及建设现状进行问卷调查，约收回

135份问卷，由知识维度针对性分析可知，约有60%的云南高校管理会计教师能够经常甚至完全做到熟练掌握管理会计及相关领域的专业知识和技能，并提出独立见解（见图2-1）；而数据应用方面的反馈结果显示，仅有13.34%的管理会计教师能够完全或经常掌握与计算机科学有关的知识，包括数据库原理、数据库逻辑结构以及数据查询设计等（见图2-2）；科研方面，云南高校管理会计教师基本具有申请科研课题的意愿，其确定课题研究题目大多依据课题指南、实际工作困难与缺点、课改新情况等进行设计，研究方向主要为应用研究与基础研究（见图2-3、图2-4）；92.85%的教师基本可以做到针对选题撰写完整的研究设计方案，并采用相应的科研方法对研究结论进行合理分析（见图2-5）；当研究实践与设计不符时，92.85%的教师能够及时发现问题做出调整（见图2-6）；85.71%的管理会计教师能够将研究结论转化为学术论文、研究报告、实验报告等不同类型的成果（见图2-7）；通过对云南高校管理会计教师“提升管理会计教师专业精深能力的有效途径”的建议统计，可得出结论：93.33%的教师认为有效途径是在工作实践中探索、反思和总结，86.67%的教师认为有效途径是在校内外进行各类集中培训，80%的教师认为有效途径是在国内外交流考察以及在校际轮岗或校外挂职锻炼，66.67%的教师认为有效途径是提升专业学位（见图2-8）；此外，根据统计，科研工作方面，管理会计教师遇到诸多困难，53.33%的教师认为政策支持力度小，46.67%出现项目团队组建困难的情况，80%的教师缺乏相关科研经历，60%出现教学科研经费短缺的情况，还存在80%的教师缺乏学术交流、进修机会少（见图2-9）；针对高校科研成果实施、转化的主要影响因素，50%认为高校领导对成果转化缺乏重视，78.57%认为学校总体科研实力不强、技术成熟度低，35.71%认为缺乏学校科研成果转化相关政策的支持，78.57%认为科研机构与社会发展脱节、不了解企业的实际需求以及科研教师人员不足、精力有限，64.29%认为缺少成果转化所需的经费（见图2-10）；对此，云南高校管理会计教师提出科研能力提升对策，

66.67%认为应当苦练内功、多加学习与钻研，80%认为教师应积极主动地向同行、专家请教和沟通，营造优良的科研工作氛围，73.33%认为应当健全相关的科研政策与制度以及打造有力的科研团队与平台，80%认为应当提高学术交流与科研进修的频率以及实现教学工作与科研工作任务的互通（见图2-11）。

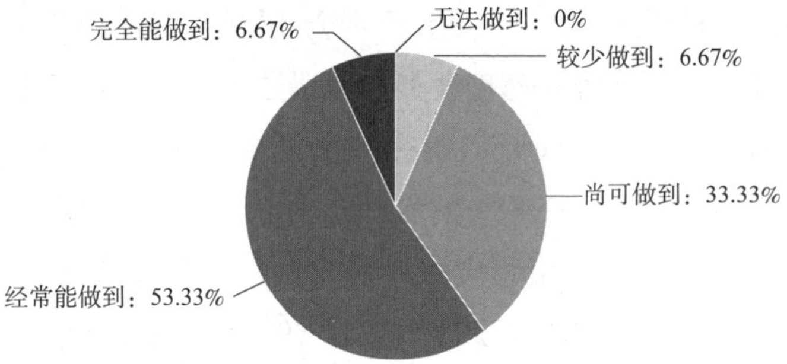


图2-1　问题：能够熟练掌握管理会计及相关领域的专业知识和技能，并提出独立见解

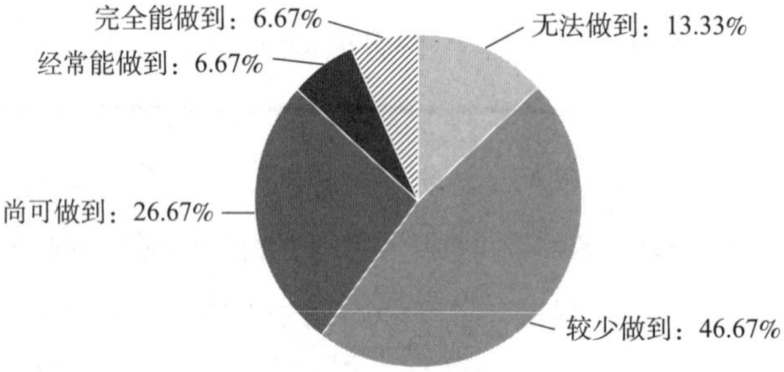


图2-2　问题：能够掌握与计算机科学有关的知识（数据库原理、数据库逻辑结构及数据查询设计）

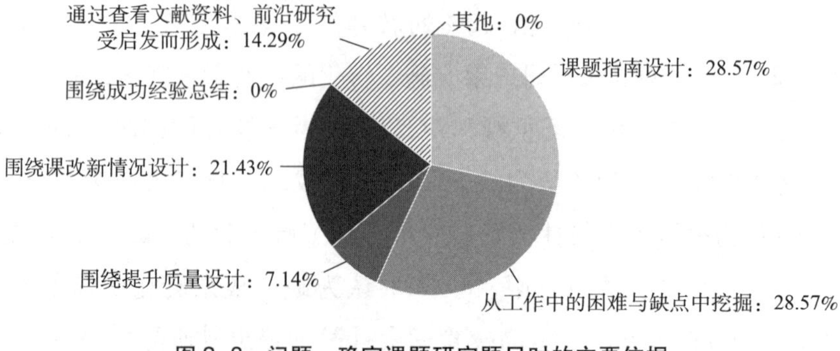


图2-3　问题：确定课题研究题目时的主要依据

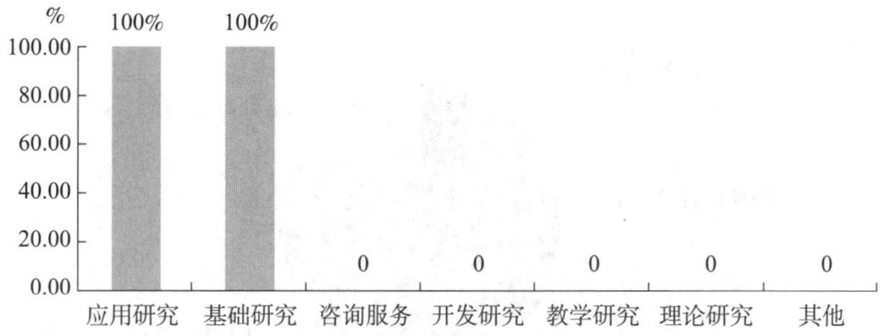


图 2-4　问题：您进行课题研究主要选题方向

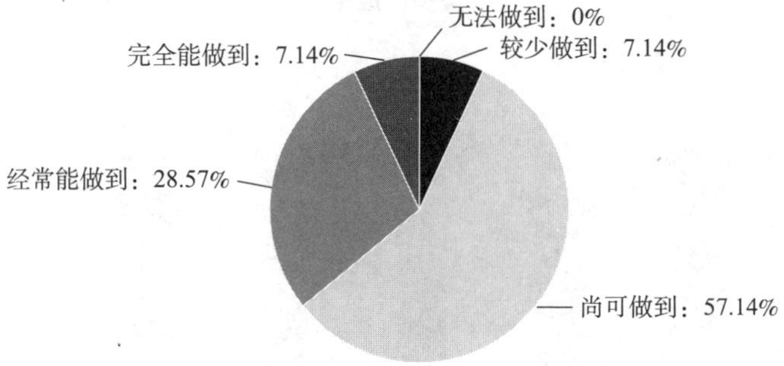


图 2-5　问题：针对选题能够撰写出完整的研究设计方案，并采用相应的科研方法对研究结论进行合理分析

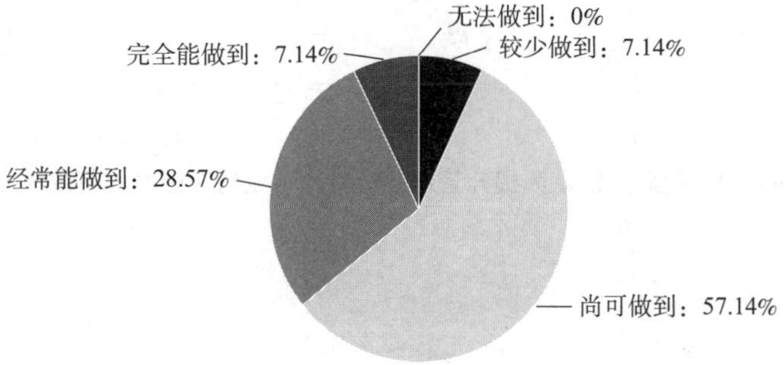


图 2-6　问题：当研究实践与设计不符时，能够及时发现问题做出调整

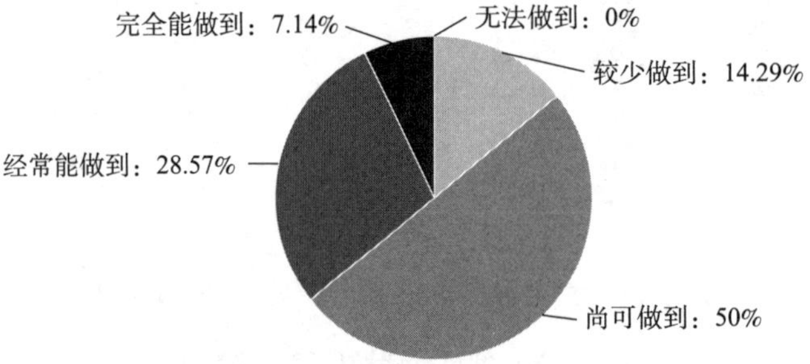


**图 2-7　问题：能够将研究结论转化为学术论文、研究报告、实验报告等不同类型的成果**

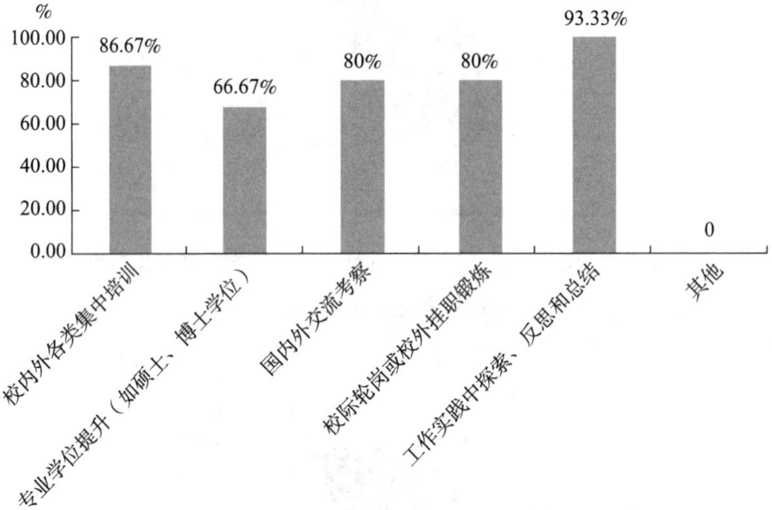


**图 2-8　问题：您认为提升管理会计教师专业精深能力的有效途径**

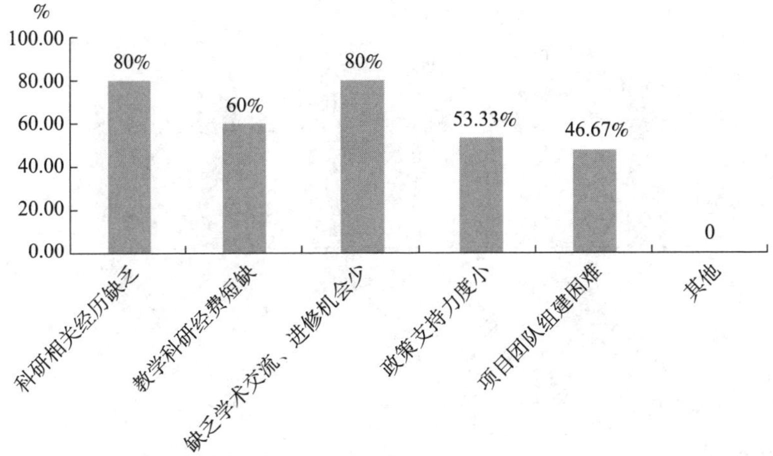


图 2-9 问题：在科研工作方面，您目前遇到的最主要困难

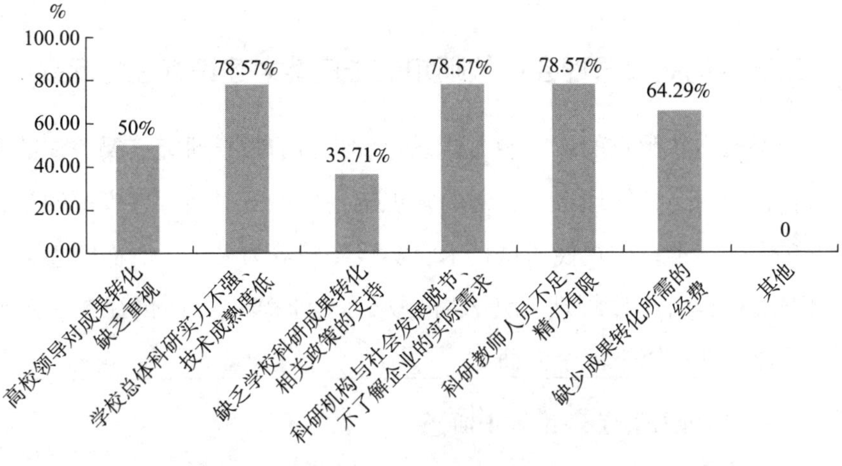


图 2-10 问题：您认为影响高校科研成果实施、转化的主要因素

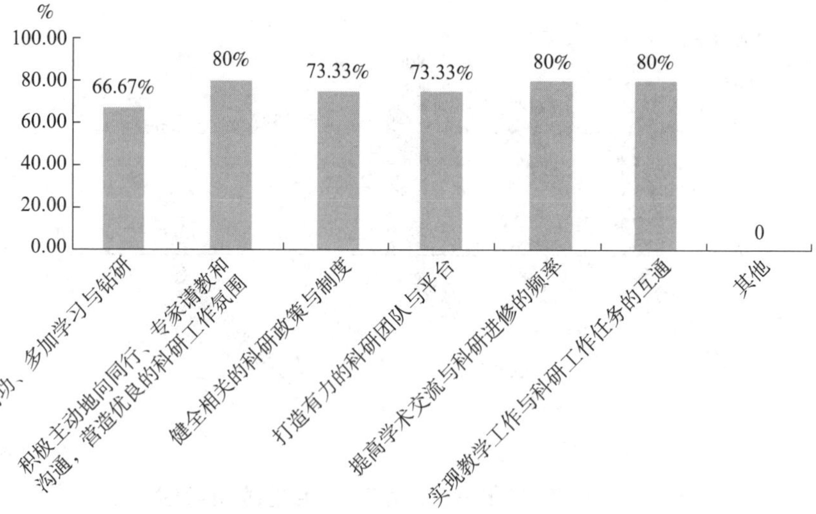


图 2-11　问题：您认为科研能力提升的对策

## 二、云南高校管理会计教师知识维度能力建设存在的问题

以课堂为着眼点的教师能力体系建设是目前教育研究需要关注的重要内容，云南高校管理会计教师的知识架构体系要以精深、广博的学科理论知识为主干，以现代信息技术、实践经验等为枝丫。然而问卷调查结果揭示了云南高校管理会计教育领域在专业知识方面仍存在一定问题，具体表现在以下五个方面。

### （一）专业及相关理论知识匮乏

高校教育教学质量与师资理论、实践知识掌握程度的高低具有密不可分的关系，管理会计师资培养通常需要掌握专业知识及现代信息技术相关的理论和方法。在实践教学中，将大数据、云计算、区块链等技术融入教育，通过培养教师和学生的数字基本素养改善教学体系，以提升教学质量，然而在云南高校管理会计教师能力的调查报告中此项结果并不理想。这意味着管理会计教师在进行相关基础概念的讲解时缺乏深入的数据理论支撑和实践讲解，无法指导学生进行实际的数据挖掘项目和培养实践能力。当现代信息技术领域出现新的技术和方法时，教师不能及时了解最新研究进展和应用趋势，因而无法将最新的知识融入教学中，难以满足管理会计教学发展的内生性需求。“大智物移云”时代不仅要求高校教师具备深厚的专业理论知识，还要求其具备有效地进行知识增长、更新的能力。但由于受到教育观念和教学背景的限制，绝大多数教师缺乏相应的拓展更新能力。除此之外，云南省内管理会计教师对本专业及相关领域专业知识和技能的了解不够精深，不能全面地、更好地培养学生应用专业知识的能力。

### （二）考评制度不够成熟、资源匮乏

云南省教育体系缺乏完整的师资专业技能考评机制，在聘用初期很多教师未经严格的教育和培训就上岗，从而造成专业能力方面的缺失，在任期中缺乏适用的专业考核机制，导致很多教师对专业理论知识的掌握停滞不前，与时代发展脱节。同时，部分高校在管理会计领域的科研经费投入有限，导致教师难以开展深入的学术研究。经费紧张往往会对研究项目的规模、广度以及时长产生限制，从而在一定程度上对研究成果的质量和产出量造成不利影响。例如，在管理会计研究所需的实验设备、数据库、软件等方面投入不足，即会导致教师的研究工作受到硬件条件的限制。此外，部分高校的管理会计教师数量有限，难以形成具有规模的研究团队，这可能导致研究力量分散，难以形成合力，影响研究成果的产出。即使有一定的研究团队，但由于团队成员之间的协作能力不强，缺乏有效的沟通和合作机制，也可能阻碍研究工作的深入进行，降低整体的研究效率。

### （三）缺乏进修、科研动力

通过调查问卷研究可知，云南高校部分管理会计教师缺乏学术研究的热情和动力，往往将工作重心放在教学上，而将学术研究视为额外负担，具体来看，本科教师和高职教师在这方面表现出不同的特点和问题。本科教师通常具备硕士或博士学位，理论上应当具备较强的学术研

究能力，然而调查发现，部分本科教师由于职称晋升和考核评价的需求，不得不发表一定数量和质量的学术研究成果，这种压力导致一些教师为了应付考核而开展学术研究，缺乏真正的学术热情和动力，在科研工作上可能倾向于选择容易发表的研究题材，而非深入探讨管理会计领域的核心问题。而高职教师更多地侧重于教学实践，学术研究的能力和资源相对有限，通常将教学质量和学生实践能力的培养放在首位，学术研究并非其主要任务。此外，由于研究资源匮乏和支持体系不完善，高职教师在学术研究方面的动力明显不足，虽然高职教师面临的职称晋升和考核评价压力较小，但仍有部分教师为了应付考核才进行学术研究，缺乏真正的研究热情和创新动力。

**（四）合作精神不强**

高校教师在进修、学术研究过程中，往往更注重凸显个人能力，而缺乏合作精神，这一现象在一定程度上影响了科研成果的质量、数量及对前沿理论知识的掌握程度。只有通过加强团队合作，才能充分实现资源共享、优势互补，从而推动知识维度能力的提升，然而云南高校部分管理会计教师在一定程度上缺乏充分的团队合作意识，不愿意与同事、学生以及其他研究者展开深度探讨，这种态度致使资源和成果无法得到有效整合和利用，限制了整体理论知识水平的进步，这种孤立的工作方式不仅削弱了研究的创新性和广泛性，还降低了跨学科合作的可能性，这在当今综合性、复杂性逐渐增强的学术环境中尤不可取。而高职院校由于其特殊的教育定位和发展背景，学术氛围可能不如综合性大学浓厚，教师之间的学术交流和合作机会相对较少，很多教师更专注于教学任务和职业技能的提升，而非深入参与进修、科研。此外，个人兴趣和职业规划也会显著影响其参与学术合作的积极性，在这种情况下，高职院校的教师在科研合作方面存在显著劣势，难以形成强大的科研团队和合作网络。相比之下，本科院校在学术合作方面要稍好一些，一方面，本科院校通常具有更多的资源和更强的学术氛围，教师在学术活动中的互动和交流机会更多；另一方面，本科院校的教师大多肩负着科研与教学的双重职责，这促使其在学术研究中更加注重团队合作，主动寻求与同事和外界的合作机会，以提升自身的知识水平和成果质量。在当前的教育大背景下，无论是本科院校还是高职院校，都有必要进一步强化教师的团队合作精神，推动建立更加紧密的合作关系。通过提升合作意识和增加合作机会，实现资源共享、优势互补，从而不断提高知识水平，推动高校整体发展。

### （五）创新能力不足

学术研究的本质在于创新，学术研究创新能力不足并非孤立存在的问题，它与政策支持、教育环境等多个因素密不可分，各方面的制约共同作用，导致了当前学术界一部分教师在创新性研究上表现乏力。部分高校教师在学术研究过程中，往往过于关注自身投入的研究领域和方向，对传统学术研究方法依赖较深，缺乏探索新领域、新思想的勇气，这种局限性阻碍了教师在科研中寻求突破性创新，究其根本，是欠缺跨学科的交叉融合知识积累，导致科研视野狭窄，难以从多角度、多维度进行深入研究。这些因素共同作用，使得学术研究的创新能力不够突出，科研成果也因此缺乏足够的原创性和前瞻性。尤其是在高职院校，教师面临的挑战更加严峻，除了繁重的教学任务，教师还要承担大量的行政工作压力，这使得其能投入科研中的时间和精力大大减少，这种情况直接影响了教师在科研领域的创新能力。同时，高职院校相对有限的科研资源和平台，也限制了教师开展高水平创新研究的能力，无论是实验室条件、科研经费的限制，还是学术交流机会的缺乏，都使得高职院校的科研环境相对薄弱，进一步抑制了教师的科研创新潜力。

## 三、云南高校管理会计教师知识维度能力建设问题形成原因

### （一）支持力度欠缺

云南省相较于国内其他省份在财政资金和教育资源上配备不足，这导致了高校在更新教育材料、引进先进管理会计工具和提供实践机会方

面的能力受到制约，因此会影响教师在管理会计相关领域的涉猎范围。随着管理会计领域快速发展，教育体系更新不及时、教材内容和教学方法与国内顶尖高校或行业需求出现脱节，以及缺乏系统的在职培训机会等因素的存在，导致云南高校教师难以保持其专业知识和教学方法的更新，从而影响教学质量。

此外，国家政策、高校科研平台对教师进修、科研参与意识具有至关重要的影响。尽管许多本科院校具备较好的科研平台和学术资源，但在实际操作中，部分院校对理论知识、学术研究的重视程度仍然不足。选拔教师时尤为注重已有成绩，而非潜在的科研能力。此外，师资培养机制不完善，学术氛围不够浓厚，缺乏积极的交流与合作环境，使得教师难以获得创新思路和足够的进修、研究资源。同时，大多数高校管理模式侧重于“管”，如申报程序、项目指标、指标考核、科研奖励等，而忽视了知识、科研本身，教师对专业前沿动态信息掌握有限。在学术支持方面，高职院校还相对薄弱，科研平台和学术资源匮乏，对学术研究的重视程度远低于本科院校。在这样的环境下，高职院校教师难以获得足够的进修机会、科研资源和创新思路，学术氛围不浓厚，师资培养机制不完善，同时缺乏有效的学术交流与合作机制，使得教师的创新能力受限，难以形成有活力的学术共同体。

### （二）激励机制不完善

激励机制完善程度直接影响高校教师的理论知识学习、学术研究参与意识。然而，目前一些院校在物质和精神方面的激励机制不到位，经费和设备支持不足，学术自由度不高，限制了教师参与科研的积极性和主动性。部分教师缺乏继续学习和自我提升的动力，个人职业规划与发展目标不明确，从而影响了其持续提升专业知识的积极性。随着科学技术的发展，管理会计领域的工具和理论也在不断地更新和迭代，如果教师不能与时俱进，就会在知识维度能力建设上落后。

高职院校的激励机制通常更加滞后，学术条件相对较差，教师难以获得所需的经费和设备支持，精神层面的激励也不足，学术自由度有限，这些因素共同制约了教师的学术研究积极性。在这种情况下，教师更倾向于保证基本的教学职责，而非冒险投入时间和资源进行科研创新。

### （三）团队发展滞后

高校在组建管理会计师资团队时可能面临人才不足或结构不合理的问题。一些具有潜力的年轻学者可能因缺乏合适的导师或团队支持而难以快速成长，而一些资深学者可能因年龄、精力等无法持续投入教研工作。近年来，随着高校招生规模预期变动，近几年高校教师引进力度及规模缩小，导致在职教师普遍存在教学任务繁重现象，教师忙于教学备课与学生管理事务，学术研究投入精力不足。在高职院校，教师不仅要承担大量的教学工作，还要进行学生实训指导和就业辅导等事务，这大大减少了教师在理论知识、科研上的时间和精力投入，导致科研工作往往被迫放在次要位置。此外，高校内部可能存在资源配置不均的问题，一些优势学科或热门领域可能获得更多的资源和支持，而管理会计领域相对被忽视。这导致管理会计教师在争取科研资源时处于不利地位，难以获得足够的支持。

### （四）职称晋升压力

在本科院校，职称晋升、奖励、荣誉等与其理论知识掌握程度、学术研究能力密切相关，需要形成相应数量的高质量科研成果。在高职院校，教师同样面临职称晋升压力，但由于高职院校偏向于应用型教育，教师往往更侧重实践技能的传授，导致他们在学术研究上投入不足。尽管高职院校并不像本科院校那样严格要求高质量的科研论文，但“唯文凭、唯论文”的意识仍然存在，教师追求短期效益，忽视了学术研究的长期价值和趣味性。

# 第二节 技能维度：能力建设不足，技术应用困难

## 一、云南高校管理会计教师技能维度能力建设现状

在当前“以技术重塑教育”的背景下，以数据驱动为导向的“智慧校园”、“智慧课堂”和“智慧教师”成为驱动教育变革的重要动力。以“社会参与”型大学教育为标杆，锚定数字经济发展新方向，依据财务大数据、财务共享、财务机器人等企业会计应用热点，以人工智能等技术为载体改变管理会计教育信息获取、交流、传递和处理，使传统教育模式发生根源性变革。在此趋势推动下，企业要进行财务信息化建设，须挖掘数据背后隐含的商业价值。管理会计师需要能够有效收集、整理和分析数据，发现数据中隐藏的模式、关联和趋势，为企业战略规划和决策提供依据。而从管理会计课程异质性特点来看，数据价值可以将课程综合性、应用性、系统性、实践性综合反映，促进其教学手段与方法以及评价体系的全方位、立体式变革。纵向挖掘管理会计课程内容，数据驱动能够精准把握管理范式变革，培养驱动精益管理新能力。在当前社会背景下，借助“数字孪生”，配合 AI 算法和相应财务软件，将管理技能、业务流程与数字技术有机融合，形成“管理会计学+数据驱动”复合管理形态。在进行管理会计教学中，进行模拟、仿真和优化，对项目数据进行实时采集、监控、分析和处理。在数字化时代，教学不再是教学内容和教学方法的简单叠加，而是在数字技术指导下教学与学习技术环境的创新式融合。数字设备和技术以及培养学生基本数字素养的责任都要求提升管理会计教师的数字技术水平，培养具备数字素养的新型管理会计教师，实现管理会计教育数字化转型已成为当前社会共识。而调查结果所表征的管理会计教师数字素养匮乏将成为管理会计课程转型的“藩篱”，不利于实现由“标准化统一学习”向“情景化个性学习”的转变，更加阻碍了由单纯“掌握知识”思维向“运用知识”思维的转变。

此外，实践实训水平是一个重要的模块，作为云南高校管理会计师资、人才培养能力的重要评价指标，有助于揭示高校管理会计学生未来解决实务问题的潜力及短板。对云南高校管理会计实践能力建设方面的调查主要着眼于学校及教师两个维度；同时，针对高校教师对产教融合的认识实施调查，从中观和微观不同层面刻画管理会计校企融合当前建设状况，以提升调查的综合性和针对性，深度探索高校管理会计实践能力现状及存在的问题。调查显示，本科院校和高职院校的管理会计教师在实践能力建设方面各有侧重和优势。总体而言，本科院校教师理论基础扎实，科研能力强，虽然实践经验相对有限，但通过校企合作和企业实习等方式增强了与实际商业环境的接触，注重继续教育与认证［如注册管理会计师（CMA）、注册会计师（CPA）］的获取，以及信息技术应用［如企业资源计划（ERP）系统、数据分析工具］能力的提升。高职院校教师则更加注重实践教育，通常具有丰富的企业工作经验，采用灵活的教学方法，如案例教学和模拟实践，并通过专业培训和企业进修不断提升其实践能力。两类院校的教师均在努力通过理论与实践的一体化教学模式、产教融合等项目，提升其技能维度能力和综合素质，以更好地满足新时代管理会计教育的需求。

通过对云南高校管理会计教师能力及建设现状进行问卷调查，约收回 135 份问卷，由技能维度针对性分析可知，53.33%的云南高校管理会计教师，在精通管理会计工具和方法的应用，如预算管理、成本管理和绩效管理等领域的基本理论、发展前沿和未来趋势等方面能力尚有进步空间（见图 2-12）；46.66%的云南高校管理会计教师缺乏管理者的视角，不能精确地从标准化和专业化的角度指导、帮助和监督开展专业工作（见图 2-13）；而数据应用方面的反馈结果显示，仅有 20%左右的管理会计教师能够将成熟的数据挖掘算法匹配于合适的应用场景中（见图 2-14）；走访企业，将企业真实问题融入课堂教学状况，完全或经常能做到的教师只占 13.34%，较少做到与尚可做到的教师占到全部调查结果的 80%，还有 6.67%的教师无法做到（见图 2-15）；对管理会计理论与实务操作的区别了解方面，在调查对象中，仅20%的教师能够完全或经常做到，80%的教师较少或尚可做到（见图2-16）；对于参与企业事务，通过实践提升自身对管理会计知识运用的能力，高校教师参与企业事务状况不理想，仅有6.67%的教师能够完全做到参与企业事务，93.33%的教师较少或尚可做到（见图2-17）；86.67%的教师能够经常以及完全做到对学生进行思维引导与知识体系构建，并重视学习方法的传授（见图2-18）；在课堂教学学科交叉融合方面，90%以上的教师具备可以融合会计学科与其他课程的相关知识的能力（见图2-19），且86.66%的教师能够渗透管理会计学科发展新动向（见图2-20），但6.67%的教师在拓展其他学科的相关知识、为学生推荐学习资料方面存在问题（见图2-21）；在教学设计方面，86.66%的教师能够经常以及完全做到结合学生特征，根据课堂教学目标、教学内容，进行合理的教学设计（见图2-22）；60%的教师能够经常以及完全做到依据教学目标，整合多种信息资源以供教学（见图2-23）；66.67%的教师能够经常以及完全做到灵活调整和重组不同章节的教学内容，及时更新教学内容（见图2-24）；86.67%的教师能够经常以及完全做到灵活运用情景教学、案例教学、合作学习等教学方法，并通过课堂练习、提问、考试等综合评价方式，了解学生知识掌握程度（见图2-25、图2-26）；约66.66%的教师经常以及完全能够做到借助智能教学技术了解学生的兴趣、心理变化，及时开展教学反思，改进不足（课题教学反思、教师发展反思、学生发展反思、教育改革反思）（见图2-27）；在管理会计教师所掌握的现代信息技术中，有40%的教师在教学过程中运用到人工智能，33.33%的教师运用到云计算，26.67%的教师运用到区块链技术，这种基本数字素养匮乏引发了数字时代的教育新问题和新危机（见图2-28）；通过对云南高校管理会计教师“数字化背景下产教协同育人”的建议统计，可得出结论：85.71%的教师认为应当建立专业设置与产业发展的吻合度预警机制和教师参与产教协同育人的激励机制，71.43%的教师认为应当健全产教协同育人的利益协调机制，实现利益共同体，71.43%的教师认为校企双方应当变革学生管理方式，助力学生就业，64.29%的教师则认为应当探索新的合作模式（见图 2-29）；“学校与企业产教合作形式”方面调查结果显示，有 100%的教师认为当前云南高校配置的校企合作方式主要有企业在校内建立生产实训中心、提供在线模拟操作系统，企业与学校教师共同制定人才培养方案，为教师提供实践机会（见图 2-30）；而针对产教融合的目的，在被调查对象中，认为其具有实现学生就业对口，协同育人、实现专业和课程共建，引入企业行业师资、提供学生实践能力，为企业提供各类培训服务的目的的教师比例达到 100%（见图 2-31）；认为产教融合的影响因素为合作单位的行业属性与规模，学校教师科研机构为企业科研产品与服务能力的教师比例同样达到 100%（见图 2-32）；并且 100%的云南高校管理会计教师认为目前校企关系一般，主要建立校外实训基地（见图 2-33）；此外，根据对熟练使用教育技术工具统计数据进行的分析可以得知，对课件制作软件（PowerPoint 等）、教学平台（学习通、MOOC 等）、问卷调查工具（问卷星等）、思维导图（Xmind 等）、在线协作工具（在线表格、在线白板等）的使用熟练度最高，分别为 80%、73.33%、73.33%、60%、60%，而对于近期火热的内容自动生成工具（ChatGPT 等）的熟练使用比重仅为 33.33%，即时抢答工具（Kahoot 等）、微课视频制作软件（万彩动画大师等）的熟练使用比重分别只有 20%、13.33%（见图 2-34）。

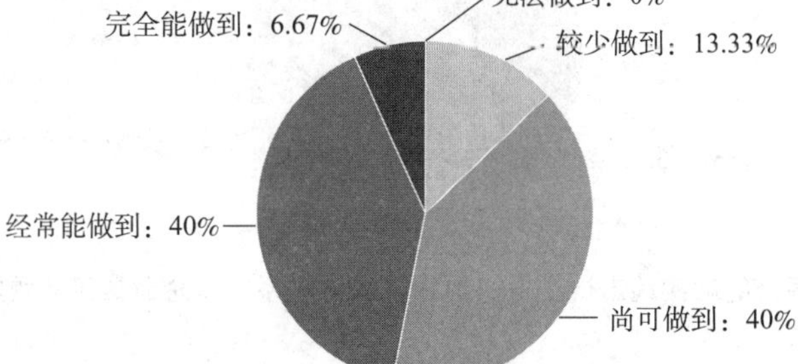


**图 2-12　问题：精通管理会计工具和方法的应用，如预算管理、成本管理和绩效管理等领域的基本理论、发展前沿和未来趋势等**

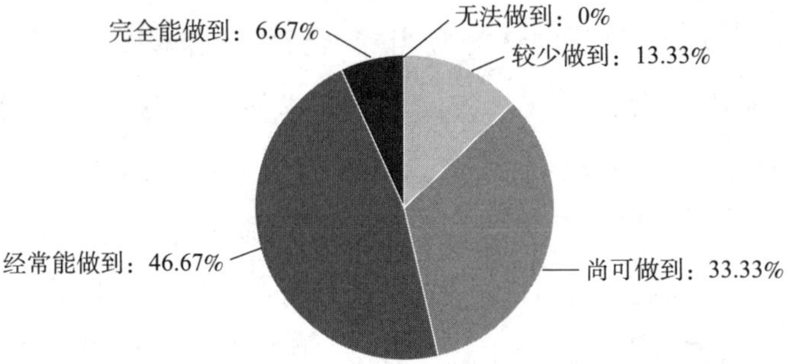


**图 2-13　问题：具备管理者的视角，能够从标准化和专业化的角度指导、帮助和监督开展专业工作**

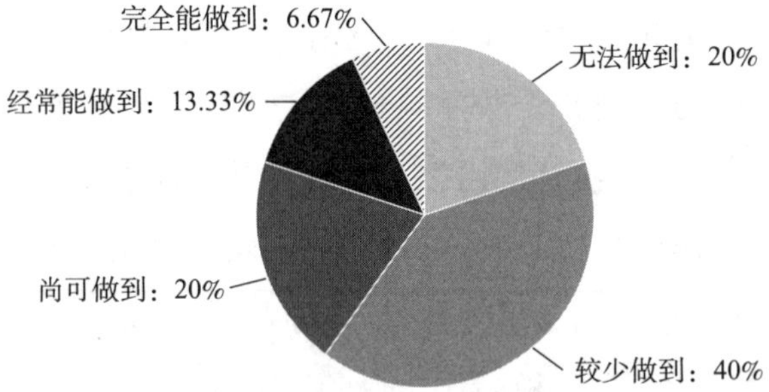


**图 2-14　问题：能够将成熟的数据挖掘算法匹配于合适的应用场景中**

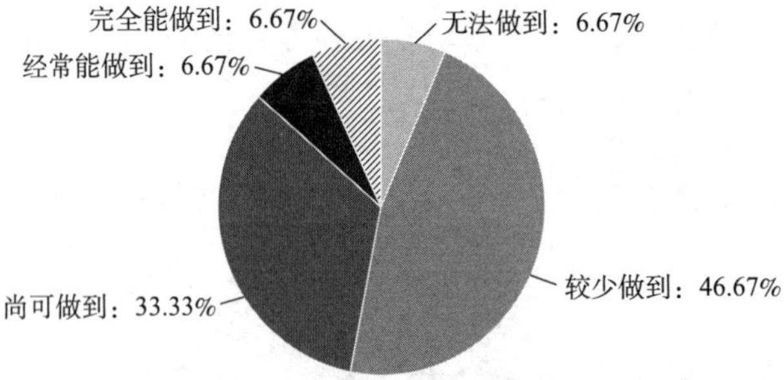


**图 2-15　问题：能够实地走访企业，加强与社会联系，将企业真实问题融入课堂教学**

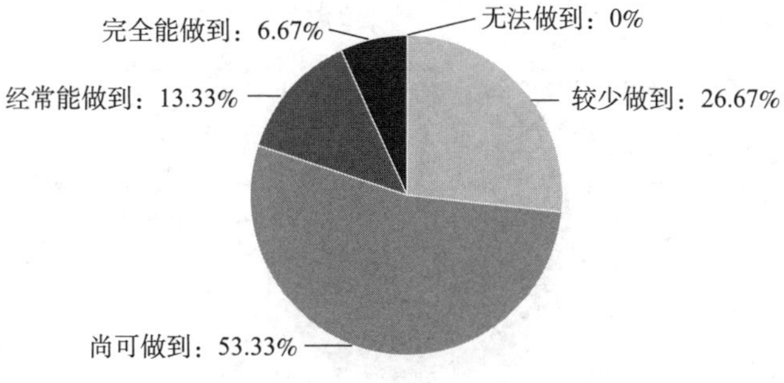


**图 2-16　问题：能够了解管理会计理论知识与实务操作的区别，帮助学生更好地实践与应用**

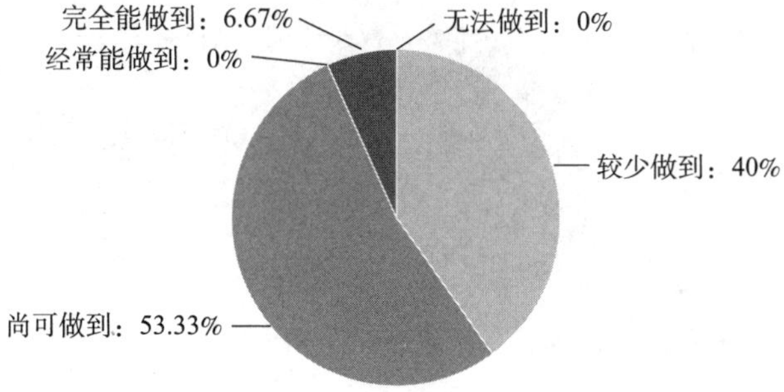


**图 2-17　问题：能够参与企业事务，通过实践提升自身对管理会计知识运用的能力**

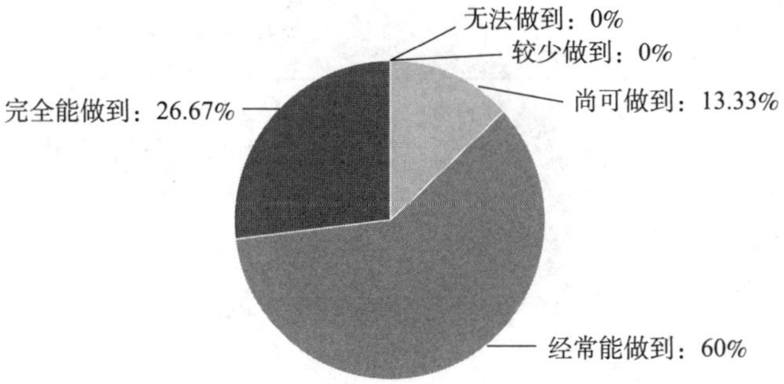


**图 2-18　问题：能够进行思维引导与知识体系构建，重视学习方法的传授**

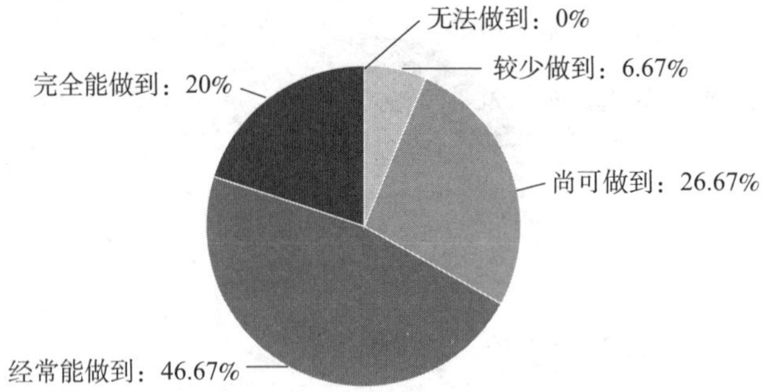


图 2-19　问题：能够融合会计学科与其他课程的相关知识

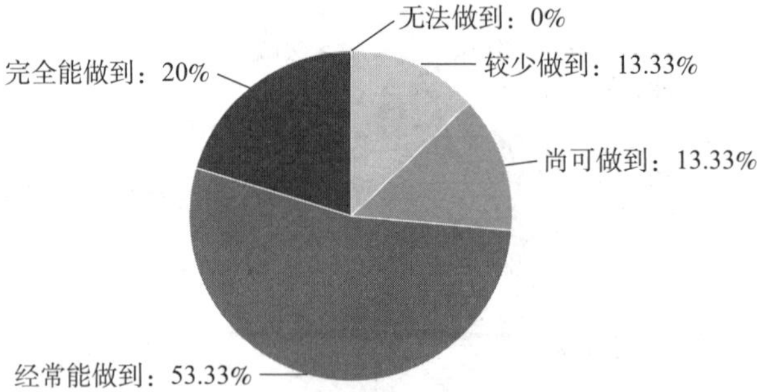


图 2-20　问题：能够渗透管理会计学科发展新动向

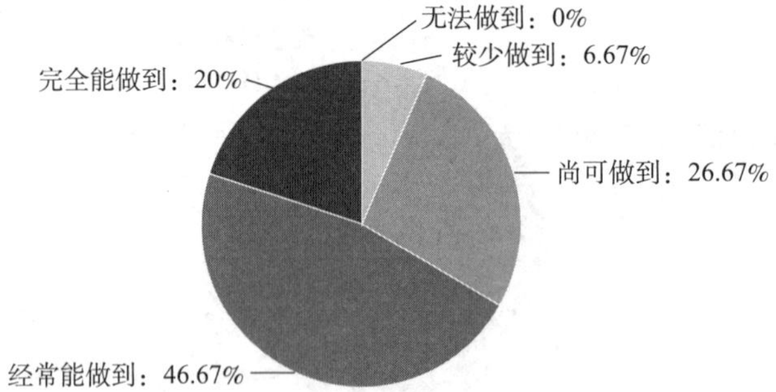


图 2-21　问题：能够拓展其他学科的相关知识，为学生推荐学习资料

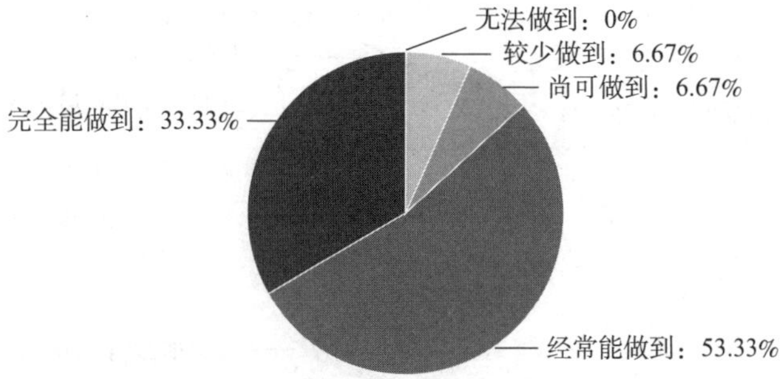


图 2-22　问题：能够结合学生特征，根据课堂教学目标、教学内容，进行合理的教学设计

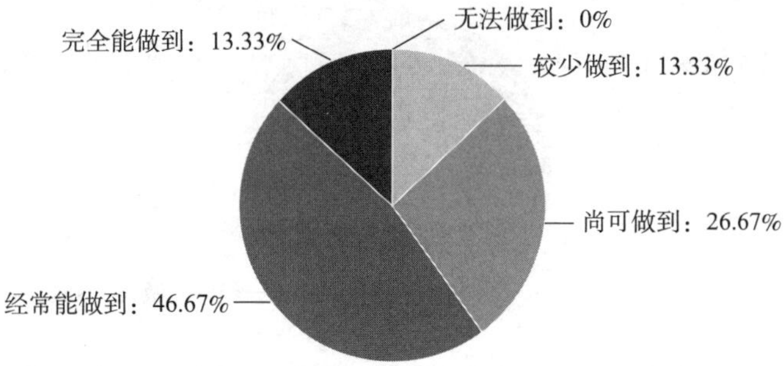


图 2-23　问题：能够依据教学目标，整合多种信息资源以供教学

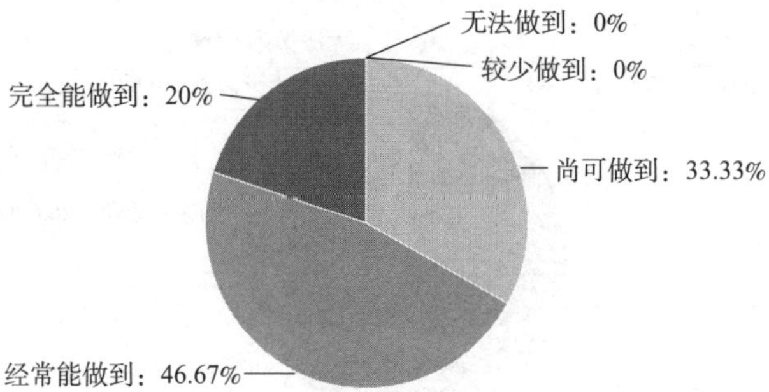


图 2-24　问题：能够灵活调整和重组不同章节的教学内容，及时更新教学内容

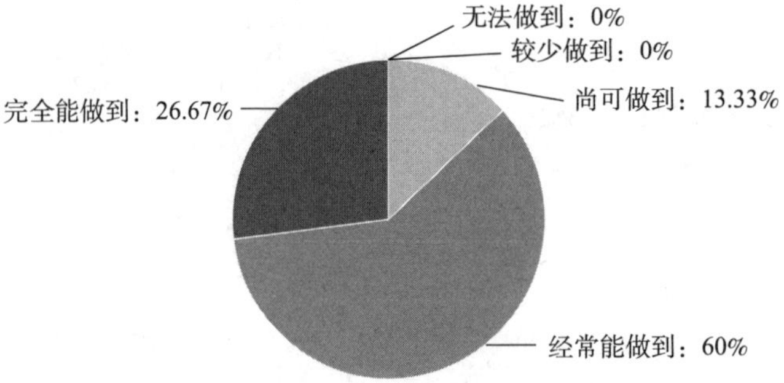


图 2-25　问题：能够灵活运用情景教学、案例教学、合作学习等教学方法

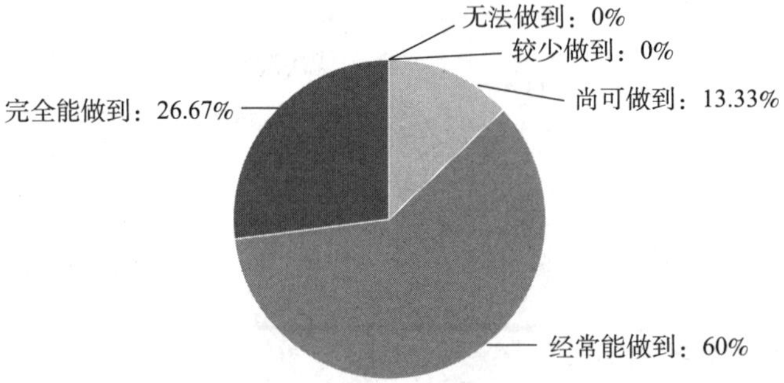


图 2-26　问题：能够通过课堂练习、提问、考试等综合评价方式，了解学生知识掌握程度

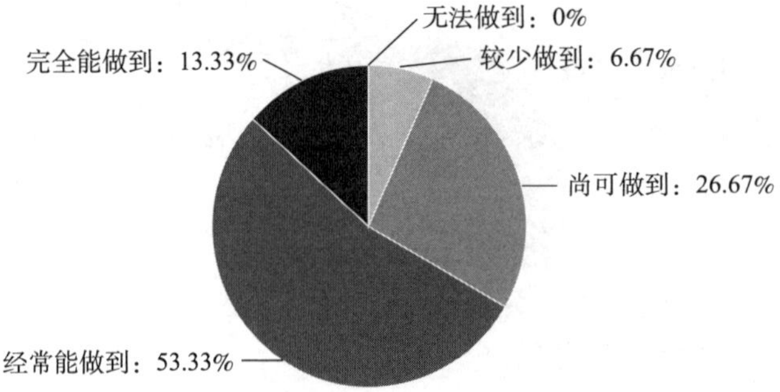


图 2-27　问题：能够借助智能教学技术了解学生的兴趣、心理变化，及时开展教学反思，改进不足（课题教学反思、教师发展反思、学生发展反思、教育改革反思）

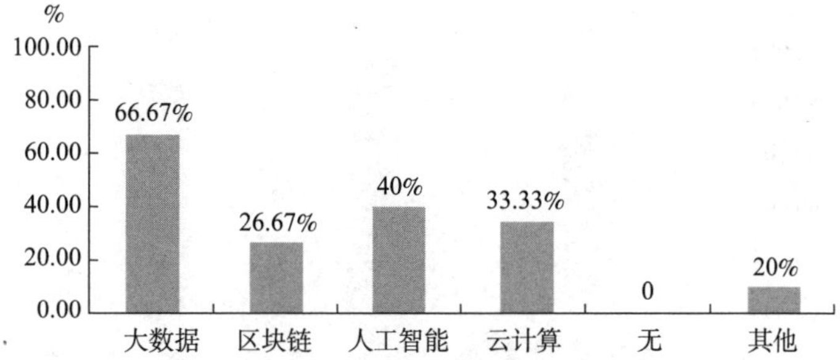


图 2-28　问题：掌握的现代信息技术

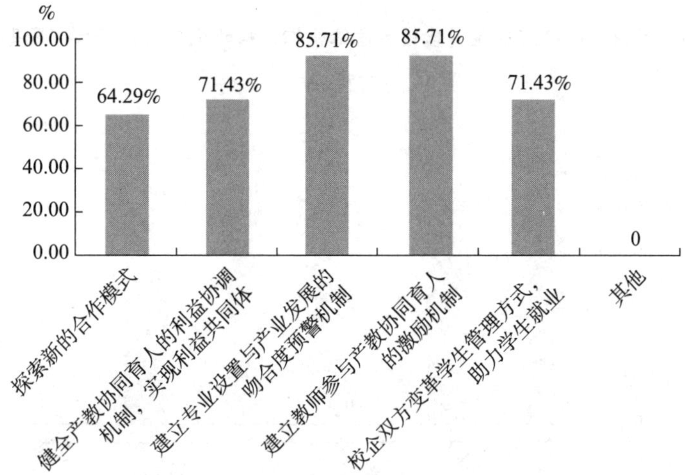


图 2-29　问题：您对数字化背景下产教协同育人有什么意见或建议

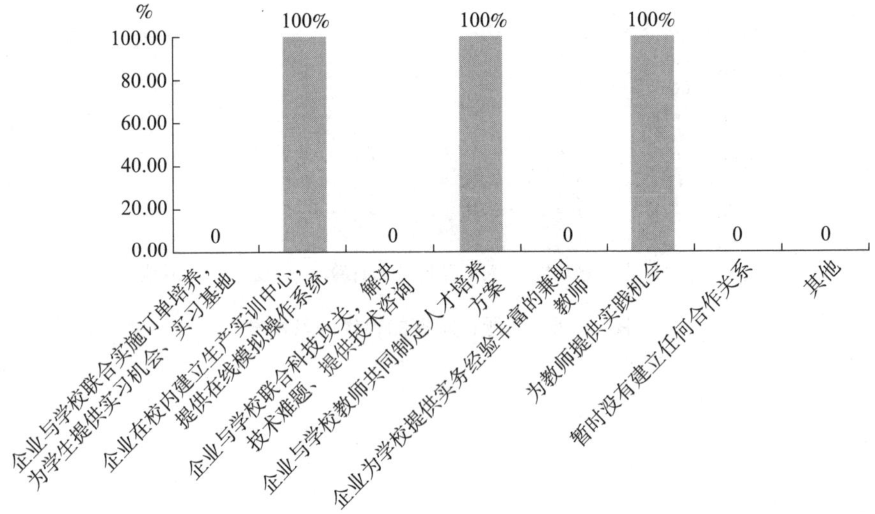


图 2-30　问题：贵校与企业（含社会团体机构、科研机构等）开展了哪些形式的产教合作

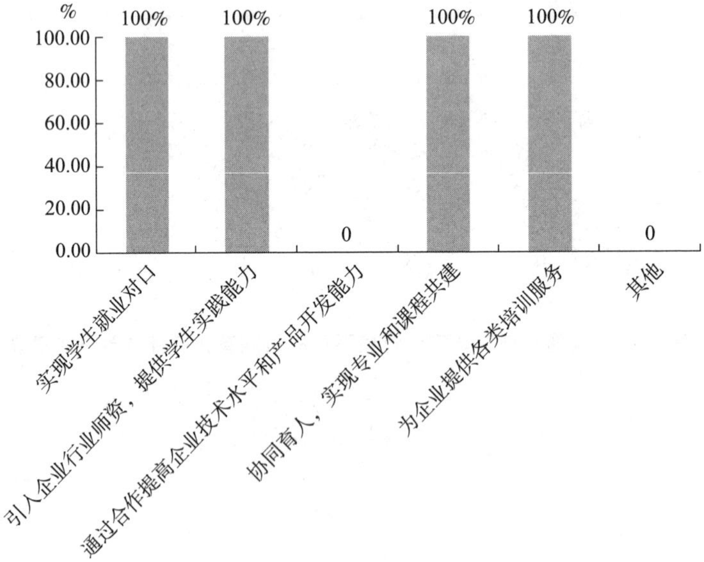


图 2-31　问题：贵院系希望通过产教融合达到什么目的

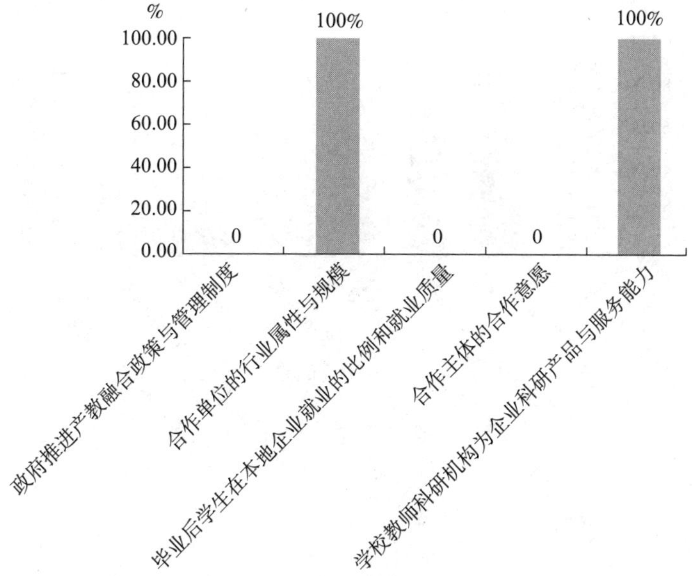


图 2-32 问题：您认为影响产教融合的主要因素有哪些

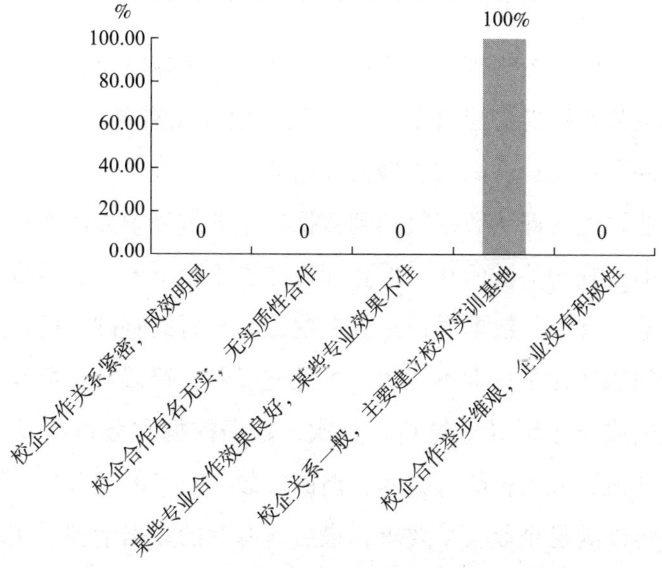


图 2-33 问题：以您的了解，您认为贵校目前校企合作的效果情况

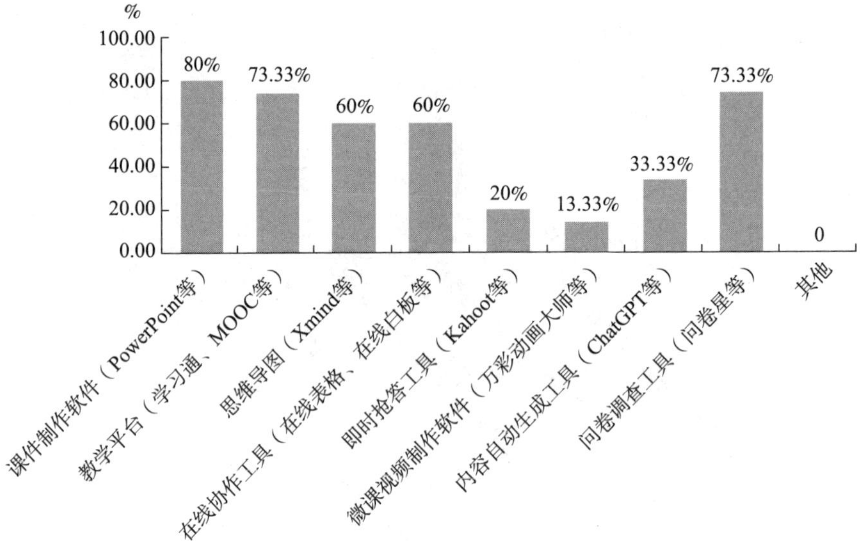


图 2-34　问题：能够熟练使用哪些教育技术工具

## 二、云南高校管理会计教师技能维度能力建设存在的问题

当前，云南高校管理会计建设在实践方面短板突出，从学校整体布局安排到教师实践能力建设上均不同程度地存在需要完善改进的地方，这些问题的存在制约着高校管理会计培养水平的提升。此外，如何发挥数据的产业属性，即从数据收集到数据应用的过程中如何实现数据增值是实现数据盈利的关键所在。但企业往往囿于以下困境，难以发挥数据的边际效益。首先，数据质量是数据挖掘和分析的基础，但企业面临的数据质量问题往往是数据不一致、不完整或包含错误，这可能导致分析结果不准确或产生误导性结论；其次，数据挖掘和分析涉及大数据处理、机器学习、人工智能等技术，但面向数字技术的复合型管理会计人才匮乏，难以满足企业技术要求；最后，有效的数据治理是实现数据挖掘和分析的关键，需要建立完善的数据管控机制和数据管理流程。因此，企业需要有足够精深现代信息技术的管理会计人才来支持企业数据挖掘和分析工作，需要建立适应数据产业属性的组织结构和团队。这对

管理会计教师的能力提出了新的更高要求。以企业面临的困境为底层逻辑，深入剖析发现云南省高校管理会计教师技能维度能力仍存在不足之处，具体表现在以下三大方面。

### （一）课堂教学技能

1. 培训机制不完善，实践环节薄弱

教师培训是提高其课堂教学能力的重要途径。然而，部分高校管理会计教师培训机制尚未完善，如培训内容与实际需求脱节、培训方式单一、培训资源不足等，导致教师培训效果不佳，难以有效提升教师的课堂教学能力。管理会计作为一门强调实践应用的课程，其学习效果在很大程度上依赖学生通过实践活动对理论知识的深化理解和实际运用。然而，目前云南部分高校在管理会计课程的实践教学中存在明显不足，具体表现为实践机会的稀缺和实践指导的缺乏，这在一定程度上阻碍了教师及学生将理论知识与实际工作情境相结合的能力培养。

2. 教学内容、教学方法单一

随着管理会计理论和实践的不断发展，新的理论和方法不断涌现。然而，部分云南高校管理会计教师出于种种原因，未能及时了解和掌握最新的理论研究成果和实践经验，不能及时调整和重组不同章、节的教学内容，对教学内容的更新也存在滞后现象，把握教学目标、整合多种信息资源的能力较弱，教学内容与学生诉求脱节，课程内容无法提供知识增量、缺乏独特创意，教材不能及时更新，PPT 与学科发展脱节，缺乏吸引力，难以满足学生的实际需求，在教学设计能力方面仍需进一步提升。此外，尽管多媒体技术等现代教学手段已经逐渐普及，但仍有部分管理会计教师在课堂教学中过度依赖传统的教学手段，缺乏对学生学习特点和需求的分析，导致教学方法和手段单一，难以激发学生的学习兴趣和积极性。

3. 缺乏跨学科知识整合能力

问卷调查研究结果表明，云南高校管理会计教师能力在学科交叉融合方面“完全能做到”的比例仅为20%，仍有部分教师固守已掌握的理论知识与实践经验，排斥接受新事物和更新旧观念，部分教师跨学科思维较弱，在课堂教学过程中囿于学科边界、不重视各学科间知识交叉、融合，排斥跨界整合知识体系，专业理论知识更新与跨学科交叉融合两个方面有待加强。例如，新文科背景下，对现代信息技术能力掌握较差，数据化工具使用不广泛。尽管云南省高校管理会计教师正在尝试应用数据化工具以提高教学效果和研究质量，但仍然面临诸多挑战，跟不上技术更新速度——由于数据分析工具更新迭代速度快，并非所有管理会计教师都具备使用先进数据化工具的背景与能力，他们需要额外的资源和时间学习、适应现代信息技术工具的运用，导致工具应用速度与技术更新速度脱节。

### （二）实践实训技能

1. 校企合作机制不完善

从调查结果来看，产教融合建议或意见和希望达到的目的及影响因素的调查回答状况形成鲜明对比，产教融合回答率达93.33%，反映高校对数字化时代产教融合发展的认识程度高，同时反映出高校对产教融合发展的迫切需求。但是，产教融合目的及影响因素的回答率仅为6.67%，结合教师实践实训与教学融合低水平结果来看，高校及教师对产教融合发展目的及影响因素还缺乏清晰的认知及积极的应对实践，据此不难发现，当前云南高校产教融合发展滞后。并且在高职院校中，产教融合的发展面临更加严峻的挑战。尽管高职院校的教学模式更加注重实践，但从数据来看，高职院校对产教融合的认识和实施同样存在滞后，与迫切需求之间形成较大鸿沟。首先，高职院校的产教融合主要停留在表面层次，多数情况下只是形式上的合作，缺乏深入具体的内容和长期计划。其次，企业与院校之间的合作机制不够完善，缺乏有效的沟通和协调，导致在实际操作中，企业需求与学校教育目标难以契合，影响了产教融合的实效性。最后，教师的实践能力与教学内容的整合仍需进一步强化。虽然高职院校教师普遍具有一定的企业工作经验，但出于制度、评估体系等多方面原因，教师在实际教学过程中，难以将企业实践经验充分融入课堂，导致学生难以获得真正贴近职业要求的技能培训。

2. 校企人才联合培养模式尚未健全

从校企产教合作方式的调查结果来看，仅6.67%的被调查对象认为其所在高校与企业合作模式中包含企业与高校教师共同制定人才培养方案，这一结果折射出当前云南高校校企联合培养管理会计人才的模式仍需进一步推进，从广度和深度上强化校企联合培养人才模式的发展完善。尽管高职院校本应在实践教学方面具有优势，但在实际操作中，其校企合作模式仍然存在诸多不足。高职院校的校企合作往往停留在表面层次，主要集中在建立实训基地或提供短期实习机会，缺乏系统性和持续性。这种单一化的合作模式限制了学生深入企业实践，无法真正实现理论与实际操作的有机结合。高职院校与企业的合作多为短期、项目式合作，缺乏长期战略合作的规划。企业与学校在制定人才培养方案时，缺乏深度参与和系统设计，导致培养目标不明确，课程内容与实际行业需求脱节。

3. 校企合作资源配置不足

校企合作还受到资源配置和政策支持的限制，部分院校由于资金、技术、人才等方面的不足，无法提供与企业深度合作的环境和条件。例如，云南高校管理会计专业的实践基地数量有限，难以满足所有学生的实践需求，这导致部分学生在进行实践实训时缺乏合适的场所和机会，影响了实践教育的质量。在实践教育方面缺乏一定的经费支持，包括实践基地的建设、维护，学生实践期间的交通、住宿等费用。由于经费短缺，部分高校在实践教育经费的投入上可能面临困难，这直接制约了实践教育的规模和覆盖范围，从而影响了实践教育的有效实施和学生实践能力的培养。

4. 校企合作强度不高

高校教师制度向学术考量倾向明显，缺乏对教师专业实践能力提升的明确指向与规范举措，这也成为制约教师专业实践能力提升的掣肘。校企合作强度的评价主要体现在校企合作的频率上，频繁的校企合作是高校与企业之间建立良好合作关系的重要标志。然而，目前的校企合作方式相对单一，合作结果也往往令人失望。这反映出校企合作面临的一些现实问题，如低参与率和有限的合作深度。从合作方式来看，许多高校仍然过于依赖传统、单一的合作模式，缺乏创新和多样化。在这样的背景下，合作效果往往难以达到预期，不少合作项目甚至在启动不久后就草草收场。此外，合作频率较低也是一个严重问题，很多高校与企业之间的合作只是偶尔进行，缺乏连续性和系统性。这种低频率的合作自然无法形成有效的合作机制，进一步限制了合作成果的产出。另外，作为校企合作的实践主体之一，高校教师的参与度普遍较低也是一个亟待解决的问题。许多高校教师出于各种原因，对参与企业事务持消极或观望态度，这不仅限制了教师将科研成果转化为实际应用的机会，也导致企业难以获得高校的技术支持和智力资源。教师参与水平低下直接反映出当前高校与企业双向合作发展仍处于较低水平。

5. 校企合作方式单一、效果欠佳

对校企合作办学方面的调查，在 135 份调查问卷中仅有 6. 67%的被调查对象参与了高校校企合作的回答，并且 100%的回答者认为校企合作关系一般，校企合作方式单一，主要校企合作方式局限在建立实训基地或模拟实训系统，学生缺乏深入企业实际问题探索分析的机会。综合调查评价结果来看，校企合作在广度与深度上不尽如人意，反映出当前云南高校在管理会计建设方面校企合作体系依然薄弱，极大地弱化了学校管理会计人才培养与用人单位需求的联动关系。在缺乏完善的校企联动机制的情况下，学校、教师、学生的发展受到约束。校企联动的不足，可能使学校在课程设置上导向性不强，对学生的培养偏离现实需求，导致输出的学生不能满足社会需求，降低学校及学生的吸引力；学校教师缺乏管理会计实践实训机会，缺乏对行业发展的敏感度，致使教学模式缺乏创新性，教学内容缺乏新颖性；学生缺乏实际商业接触机会，从而弱化了运用理论知识解决实际问题的能力。

6. 教师实践能力建设不足

在被调查对象中，仅有6.67%可以完全参与企业事务并通过实践提升自身对管理会计知识的运用，仅13.34%经常或完全可以做到将企业真实问题融入课堂教学。基于管理会计的特点，由于管理会计的大量工作要同公司各部门进行配合协作，其应用并非财务部门独自可以驾驭，因此，这就要求高校管理会计教师培养自身管理者思维。比如，年度预算编制，要先确定年度战略目标，再层层分解到各部门，各部门再确定具体规划。教师作为管理会计培养最核心的力量与资源，其专业水准、实践经验、教学能力等直接影响高校输出管理会计人才的质量。当前，高校在选聘教师时，仍以学历、科研能力为主要标准，对工作经验的要求偏低，这使得教师队伍较为缺乏实践经验，若在入职后仍缺乏有效的实践活动，则可能使教师在授课过程中运用理论与实践相结合的授课方式受到制约，教师参与企业事务受到约束，限制了教师教学设计上的针对性，容易造成高校培养方向与现实人才需求的不匹配。

学生缺乏深入企业实际问题探索分析的机会，综合调查结果表明，当前云南高校在管理会计建设方面的校企合作体系依然薄弱，这极大地弱化了学校管理会计人才培养与用人单位需求之间的联动关系。在本科院校和高职院校中，这种现象表现出不同的特点。由于本科院校教师需承担较多的科研任务和教学责任，他们较少接触实际商业运作，导致校企合作更多地停留在理论层面。例如，采用建立实训基地或开展学术交流等方式，而非深入的企业参与。这使得学生虽然具备扎实的理论知识，但缺乏实际操作经验和对行业具体需求的认识，导致其难以在毕业后迅速适应市场需求。再者，本科院校的校企合作项目往往缺乏持续性和系统性，无法形成稳定而深入的合作关系。高职院校的教学模式虽更加注重实践，但在校企合作上也存在形式单一的问题。尽管高职院校教师普遍具有一定的商业工作经验，但他们的企业合作多是短期、浅层次的，如简单的实习安排或短期的项目合作，缺乏长期的战略合作和实际业务参与机会。这样一来，高职院校学生在校期间接触到的便多是模拟环境中的操作，缺乏在真实商业环境中解决复杂问题的实践积累。

### （三）数据应用技能

#### 1. 数字挖掘与教学活动之间缺乏生态耦合

从管理会计课程的属性来看，管理会计教学活动是为服务社会经济活动而存在的。而管理会计师资数字应用能力建设是顺应智能时代管理会计教育教学要求，增强社会生产经营活动与管理会计教学活动适应性的重要抓手。但现实状况是，数字挖掘与管理会计教学活动之间缺乏生态耦合机制。主要表现在以下两个方面。其一，唯技术论视角使得数字挖掘与教学活动之间形成的仅是简单的嫁接关系，即较为单一地将数字挖掘技术植入管理会计教学活动，管理会计教师过于看重数字应用能力建设对教学活动本身的改良，但忽略了管理会计教学活动的育人目的以及现实需求；其二，数字挖掘的目的是解决管理会计教学活动中的“疑难杂症”，特别是教学内容本身，如解决管理会计的现实应用问题，而非强调数字应用能力建设中的实践操作，否则将导致教学活动的机械化以及非教学理性。

#### 2. 技术工具的学习和应用困难

通过对管理会计工具和方法的应用统计分析可知，高校教师对管理会计工具使用能力不强。数据挖掘需要使用特定的技术工具和软件，如 Python、R 语言、SQL 等，当使用这些技术工具和软件时，管理会计教师可能面临学习曲线陡峭、难以独立掌握和实践应用上的困难，而这也将对教学所需精准资源配置和适切学习指导形成阻滞机制，阻碍教学效率的提升和标准化人才模式培养。况且，在数智化时代，数字技术对当前的职业结构进行了调整，数据分析师、SAP 财务顾问对工作技能和技术工具的要求更高，满足其对技术工具的学习和应用是提供精准数据、完善数据管控机制和数据管理流程的基本要求，而技术工具的学习和应用困难无疑对其造成了障碍。

## 三、云南高校管理会计教师技能维度能力建设问题形成原因

### （一）课堂教学技能

1. 反馈、激励机制不完善

首先，部分高校受经费、师资等资源限制，难以支撑管理会计教师的培训与发展费用，导致教师难以接触最新的教学理念和方法，限制了教师课堂教学技能的提升。其次，部分高校培训内容过于理论化且与实际工作需求相脱节，未能精准对接教师的实际需求，使得培训效果不尽如人意，进一步限制了管理会计教师教学方法的更新与提升。再次，高校缺乏反馈和改进机制，教师在课堂教学过程中未取得教学设计相关反馈。又次，部分高校在管理会计教师教学评价方面存在评价体系不科学的问题。评价指标过于单一、模糊，评价方式主观性过强，导致评价结果不公正，无法准确反映教师的实际教学水平。最后，管理会计教师课堂教学技能的激励机制存在对优秀教师的奖励不足或奖励形式单一等问题，无法有效激发教师提升课堂教学技能的积极性。

2. 知识更新、实践创新能力不足

由于工作繁重或其他因素影响，部分云南高校管理会计教师知识更新意识不足，未能充分意识到持续学习的重要性，从而缺乏主动更新知识体系的动力，导致教学内容未能与时俱进，同时，教学方法和手段也相对滞后，难以适应管理会计领域的快速发展和变化。此外，在管理会计教育领域，部分教师可能受传统教学理念及方法的影响而缺乏教学创新动力，担忧全新教学方法的效果，对尝试变革持保守态度，遂难以将理论知识与实际工作相结合，导致课堂教学内容与实践脱节。

3. 重视程度不足

传统教育体系存在学科壁垒，阻碍教师探究其他专业领域相关知识

并进行跨学科交叉融合，教师缺乏获取新知识、新技能和新的教学方法的机会，如大数据分析和人工智能等。掌握信息技术能力是教师熟练操作与应用技术工具、积极利用技术手段创新教学方式的基础。数据分析表明，云南省高校管理会计教师对教育技术工具的使用范围较窄、更新速度缓慢。究其根本，教师对数据化转型的态度与意愿、参与程度、数字素养水平，在很大程度上影响着教育技术工具与课堂教学的融合程度；此外，现行的教育体制要求教师花费大量时间、精力在教学、科研和行政工作上，导致其没有足够的时间关注学术前沿动态及跨学科研究，阻碍了知识更新和学科交叉融合；同时，对教育工具的投入力度、数据技术存在的缺陷和不足、数据工具增加工作负荷等因素也导致教师对现代技术掌握能力尚浅，产生学科壁垒。

## （二）实践实训技能

### 1. 校企合作的法律法规保障不足

校企合作在推动产教融合方面具有重要意义，但目前法律法规保障不足，影响了合作的深入开展和长远发展。从调查结果来看，74.56%的被调查者认为需要加强法律法规的保障，以促进校企合作的规范化和制度化。本科院校在推进校企合作过程中面临合作协议缺乏法律约束力、知识产权保护不完善和缺乏相关政策支持等问题。因此，需要制定统一的校企合作法律文本，明确双方的权利和义务，增强协议的法律效力，并加强知识产权法律法规的建设，明确科研成果的归属和利益分配；同时，政府应出台更多支持校企合作的法律法规，提供相应的政策保障和激励措施。高职院校在校企合作中同样面临法律法规保障不足的问题，如合作合同执行力差、企业责任不明确和法律保障体系不健全等。为此，高职院校需要加强合同管理，建立严格的合同履约机制，制定明确的法律法规，规定企业在校企合作中的责任和义务，并加强校企合作法律保障体系的建设。通过完善校企合作的法律法规保障，建立健全的法律保障体系，可以有效规范校企合作行为，解决合作过程中出现的纠纷和问题，确保校企合作的顺利进行和长远发展。无论是本科院校还是高职院校，都应积极争取政策支持，加强法律法规的建设和执行，保障校企合作的合法性和规范性，实现产教融合的深入推进和共赢发展。

2. 高校教师人才引进机制不完善

教师队伍的素质构成是影响高校产教融合的重要因素之一。无论是本科院校还是高职院校，教师的学历背景和实践经验都对产教融合发展起着至关重要的作用。然而，传统上，高校在人才引进过程中往往更加注重教师的学历背景和理论素质，而轻视其实践经验，这成为制约高校产教融合发展的一大障碍。高校教师队伍的素质应该是理论与实践相结合的。理论知识的传授固然十分重要，但在产业界的实际运作中，实践经验同样至关重要。因此，高校应该从人才引进、培养机制等方面着手，为教师提供更多的实践实训机会与支持，以提升其实践经验。这样的教学模式不仅能够更好地满足企业对人才的需求，也能够为学生提供更为实用的知识和技能。完善校外导师机制是另一个重要举措。引入企业高层次管理人才参与教学，不仅可以为学生提供更为丰富的学习资源，还能让学生更加深入地了解企业运作的内部机制和实际情况。这种校外导师的参与不仅能够提升教学质量，还能够加强产教融合的深度和广度。目前的调查结果显示，引入企业行业师资的需求仍然没有得到充分满足，相关的机制措施仍然需要进一步完善。高校需要加大对校外导师的吸引力和支持力度，通过各种方式吸引更多的企业高层次管理人才参与到教学中，从而促进产教融合的发展。

3. 教师参与产教协同育人奖励机制不健全

从当前的调查结果来看，85.71%的被调查者建议建立产教协同育人的奖励机制，以进一步提升高校产教融合发展水平。教师作为产教协同育人的关键，其参与产教协同育人的积极性直接影响校企合作以及产教融合建设的质量，高校应该建立鼓励、刺激教师积极参与产教协同的激励考核机制，发挥教师产教协同育人的能动性，发挥教师传导作用。

在高职院校中，教师的实践教学能力和与企业合作经验是其重要优势，但在产教协同育人方面仍面临挑战。当前，高职院校的教师参与产教协同育人的积极性不高，主要原因在于缺乏系统的奖励机制和考核标准。因此，高职院校应制定明确的考核标准和评价体系，将教师参与产教协同育人的成果纳入绩效考核范围。通过定期评估教师在校企合作、实践教学中的表现，给予相应的物质奖励和精神奖励，激励教师积极参与。同时，为教师提供更多的培训机会，尤其是与企业合作的实践培训。通过到企业实地考察、参与企业项目等方式，提高教师的实际操作能力和企业认知，从而更好地进行产教协同育人。通过建立健全的奖励机制，充分调动教师参与产教协同育人的积极性，可以进一步提升高校的产教融合水平，推动管理会计教育的改革与发展。只有在机制上给予充分保障，教师才能真正发挥其在产教协同育人中的桥梁和纽带作用，实现教育与产业的无缝对接，培养出符合市场需求的高素质管理会计人才。

4. 以利益分配为核心的利益共同体建设不完善

校企合作、产教融合发展的水平，企业的参与积极性是重要的、基本的影响因素。作为以追求利益为主要目标的企业，利益吸引是其积极参与校企合作的重要驱动力量。只有企业的参与积极性得到提高，完善校企合作过程中的利益共同体建设，才能实现校企合作中的双向“奔赴”。本科院校在产教融合中主要面临利益分配机制不明确、合作模式单一、缺乏长期合作机制和政策支持不足等挑战。因此，本科院校需要制定明确的利益分配方案，拓展合作形式，建立长效合作机制并加强政策引导，以提高企业的参与积极性。高职院校虽然在产教融合中具有一定的优势，但也面临利益分配不均衡、企业参与度不足、合作项目落地难和政策环境有待优化等问题。为此，高职院校应建立公平合理的利益分配机制，加强与企业的沟通，建立完善的项目管理机制，并积极争取政策支持。构建完善的利益分配机制，建立健全的利益共同体，才能有效提升企业参与校企合作的积极性，实现高校与企业的双向“奔赴”，进一步推动产教融合的深入发展。无论是本科院校还是高职院校，都应从自身实际出发，积极探索、不断完善合作机制，确保双方在合作中实现共赢。

5. 缺乏有效沟通渠道，校企信息不对称

从资源配置角度分析，校企合作关系的建立，依托双方的信息沟通顺畅程度，企业合作的意愿来源于高校人才资源供给是否与企业需求相吻合，高校多元化合作方式的建立依赖于对企业或产业发展变化的了解。当双方缺乏有效的信息沟通渠道时，会限制双方合作方式的完善，降低合作意愿。然而，高职院校在这方面存在一些弱势。首先，由于高职院校在资源配置上往往处于劣势，信息沟通渠道的建设和维护不足，导致校企双方的信息不对称。企业合作的意愿很大程度上取决于高校的人才资源供给是否与企业需求相吻合，但由于信息沟通不畅，企业难以及时了解高职院校的人才培养情况及其调整策略。其次，高职院校多元化合作方式的建立依赖于对企业或产业发展变化的深入了解。然而，由于缺乏有效的信息沟通渠道，高职院校难以及时获取和分析企业需求的动态变化，导致其合作方式的灵活性和适应性不足。这种信息不对称不仅限制了校企合作方式的完善，也降低了企业的合作意愿，从而影响了高职院校在人才培养和产业需求对接中的效率和效果。

6. 教育资源投入有限，教学理念滞后

云南地区的高校可能面临教育资源相对有限的情况，导致在管理会计实践实训建设方面的投入不足。有限的经费和资源使得高校难以建立足够的实践基地、购买先进的实践设备或软件，也难以提供足够的实践经费支持学生的实践活动。

此外，实践教学评估与反馈机制对于提高实践教学质量至关重要。然而，当前云南高校可能存在实践教学评估与反馈机制不健全的问题。一方面，高校可能缺乏对实践教学的全面评估，难以准确了解实践教学的质量和效果；另一方面，学生可能难以将实践过程中遇到的问题和困难及时反馈给教师或学校，导致问题得不到及时解决。这限制了实践教学的持续改进和提升，导致实践教学理念滞后，继而导致教学内容、方法和手段也相对落后。

7. 管理会计自身发展限制

与财务会计的成熟发展特性不同，我国管理会计虽然具有巨大的发展潜力及发展空间，但是，当前我国管理会计发展仍处于发展初期，管理会计职能对企业发展贡献的潜能仍未得到充分施展，在人才培养和企业需求上仍处在探索阶段。因此，管理会计所处发展初期阶段的特性是制约产教融合发展的又一因素。

从人才培养角度来看，管理会计在我国的教育体系中尚未形成完整的培养体系。高校课程设置、教材编写以及教学方法等方面均需进一步完善，如此才能更好地适应企业的实际需求。目前，高校与企业之间缺乏紧密的合作机制，导致高校培养的人才与企业实际需求存在较大差距。此外，教师队伍的专业素质有待提升，教师实践经验相对缺乏进一步限制了管理会计人才的培养质量。从企业需求角度来看，许多企业对管理会计的认识和重视程度不足，尚未充分理解其在企业战略决策、资源配置和绩效评价中的重要作用。企业在管理会计岗位设置和职责分配上缺乏规范，导致管理会计难以在企业中充分发挥应有的职能。这种局面不仅影响了管理会计在企业中的应用深度，也使企业对管理会计人才的需求呈现出不明确和不稳定的特点。管理会计处于发展初期阶段还表现在相关标准和制度的欠缺上。当前，我国尚未建立起系统的管理会计标准和规范，企业在实际操作中缺乏统一的指导，这进一步限制了管理会计的推广和应用。标准和制度的缺失也使企业在管理会计方面的投入和重视程度不足，影响了管理会计职能的充分发挥。

我国管理会计发展初期阶段的特性对产教融合发展产生了多方面的制约。推动管理会计在企业中的广泛应用和深化发展，需要政府、高校和企业共同努力，完善教育培养体系，提升人才质量，加强校企合作，规范标准和制度，只有这样才能更好地实现管理会计对企业发展的积极贡献。

8. 课程设置与本土产业发展吻合度低

无论是本科院校还是高职院校，在校企合作和课程设置上都面临着与本土产业发展吻合度低的问题。对于本科院校而言，它们通常拥有更多的资源和更广泛的学术研究领域，这使得它们在选择校企合作对象时更倾向于全国性甚至国际性的企业，而非局限于本土企业。这种选择的多样性虽然能够拓展学生的就业机会，但也导致了课程设计与本土产业需求之间的错位。本科院校的课程设置往往更注重理论与前沿技术，这使得部分课程与本地企业的实际需求脱节，进而影响了本土企业与高校开展深度合作的意愿。相对而言，高职院校更加注重学生的实践能力和就业导向，它们更有可能与本地企业进行合作，培养直接服务于本土企业的人才。然而，即便如此，高职院校也面临类似的问题。高职院校在制定课程时，虽然会考虑本土企业的需求，但为了保证学生就业的灵活性和多样性，所教授内容需要涵盖更广泛的技能和知识。这种平衡的结果是，课程设置可能无法完全满足本土企业的具体需求，从而限制了校企合作的深度和广度。无论是本科院校还是高职院校，在校企合作和课程设置的过程中，如何有效对接本土产业需求与培养目标是一个亟待解决的问题。这不仅需要高校在课程设计上进行调整，也需要本土企业积极发展进步，共同推动校企合作的深入发展。这样才能真正实现产教融合，为地方经济发展注入新的动力。

## （三）数据应用技能

1. 教师缺乏以数据挖掘为核心的经验延伸过程

以数据挖掘为核心的经验延伸强调数字挖掘与教学活动的耦合经验，具体表现为将数字挖掘能力开发并融入教学中，借助数字技术感知课程并将之转化为自身的教学感知力与能力。而管理会计教师缺乏此经验延伸过程，仅从单一的唯技术论视域去审视数字挖掘与教学活动之间的关系，使两者之间形成简单的嫁接或植入的关系，从而阻碍了通过数据应用技能建设尽可能提高和完善管理会计教师自身数字素养，进而促进教学活动的数字变革。此外，经验延伸过程的匮乏也使得管理会计教师忽略数字挖掘与教学活动的双向调试过程，一味从数字挖掘能力建设和数字实践操作上寻求两者之间的耦合，这不仅会影响教学设计的深度和教学内容的质量，而且会忽视教师专业发展和教学理念的更新，甚至会抑制管理会计教师技能维度能力的建设。

2. 管理会计教师教育滞后性问题

由于教育变革与现实存在时间上的差距，管理会计教师进入培养阶段之前可能缺乏相关的知识和技能，可能对数据应用的概念、原理和算法不够了解，导致他们在数据知识方面存在匮乏。此外，高校管理会计教师在教育背景和专业知识方面存在一定局限性，一些教师在工作和学习中未接触到数据应用相关知识，缺乏相关专业的培训和教育，因此管理会计教师教育存在“滞后性”，即先天不足，后天“畸形”。

3. 数据技术工具学习与使用存在“门槛儿”

对于管理会计教师来说，学习和应用这些技术工具可能存在一定的“门槛儿”，需要投入时间和精力进行学习和实践。对于高校来说，需要提供有效的指导和实践环境，使教师能够熟练掌握这些技术工具。然而一方面，管理会计教师往往缺乏时间、机会和资源来学习和掌握这些数据技术工具，也无法及时跟进最新数据技术工具的学习和使用，甚至在教学中并未对此制定明确的目标和需求，使其学习和使用更加困难。另一方面，经费不足是数据技术工具学习与使用的“门槛儿”。

## 第三节　品性维度：教育理念滞后，课程思政脱节

### 一、云南高校管理会计教师品性维度能力建设现状

教育现代化、教育强国构建及教育公平推动是我国长期追求的目标，随着高等教育从精英化向群众化、多元化发展，提高教学质量，

培养高校教师知识、技能、品性维度的能力已成为教育教学改革的关键因素。目前，主流高校管理会计课堂教学采取传统的知识输入法，以讲授法为主，尽管许多高校逐渐增设实验教学课程，推行案例教学法和问题讨论法等启发式教学，但总体来看，高校管理会计教育依旧以教师为中心，强调单向知识传授，将学生视为被动接受者。在此背景下，学生更倾向于理解、吸收教师传授的课堂内容，而忽视了自主学习和独立思考，导致其这两个方面的能力严重欠缺。此外，云南高校管理会计教师忽视课程思政发展，尚且不能很好地在教育教学过程中有效挖掘、融合思政元素，因此提升师资品性维度的能力刻不容缓。

通过对云南高校管理会计教师能力及建设现状进行问卷调查，约收回 135 份问卷，由品性维度针对性分析可知，云南高校管理会计教师中完全能够做到主动关注思政相关知识，迅速联系至所讲授课程的仅有 6. 67%，经常能做到与尚可做到的占全部调查问卷的 80%，还有 13. 33%的教师表示较少做到（见图 2-35）；对于在课程章节中，能够挖掘思政元素，形成课程思政案例库的，约有 66. 66%的教师基本能做到，但完全能做到的教师仅占调查问卷的 6. 67%（见图 2-36）；约有 73. 33%的教师经常能做到或尚可做到在课程讲授中有机融合思政元素，完全能做到的教师只占一小部分，约有 6. 67%，有 20%的教师较少做到（见图 2-37）；约有 73. 33%的教师基本或者完全能够在教学考核体系中融入课程思政目标，较少做到的教师占调查问卷的 26. 67%（见图 2-38）；同时，约有 80%的云南高校管理会计教师在课堂教学中完全能和经常能做到保持热情、充分调动学生积极性（见图 2-39）；通过调查研究发现，云南高校多数管理会计教师在当前课程中开展课程思政存在困难，有 40%的教师在教学理念与能力方面存在困难，26. 67%受限于教学设施条件，而所有教师均认为时间有限，挖掘思政元素耗时较长（见图 2-40）。

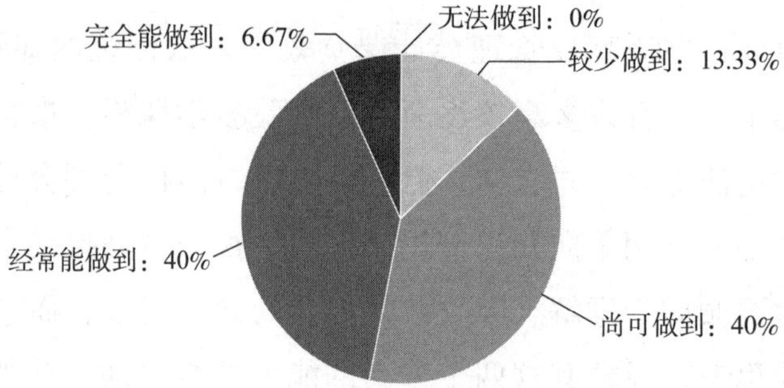


图 2-35　问题：能够主动关注思政相关知识，迅速联系至所讲授课程

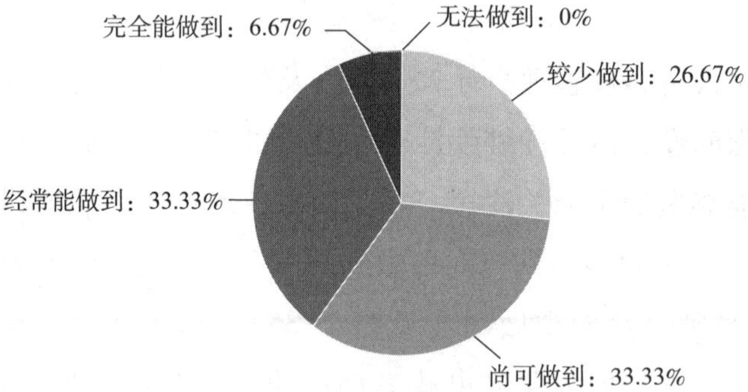


图 2-36　问题：能够挖掘思政元素，形成课程思政案例库

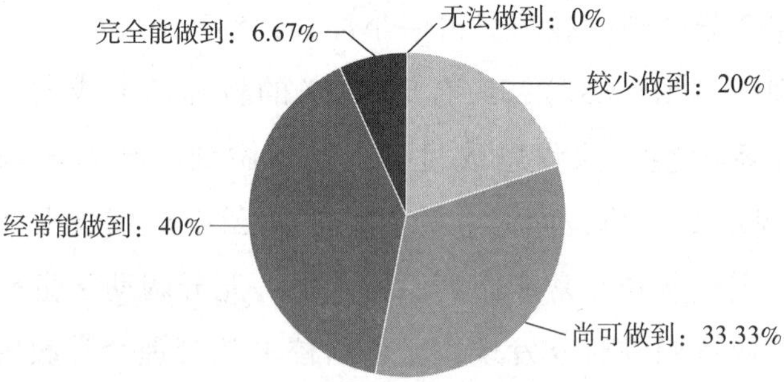


图 2-37　问题：能够有机融合思政元素

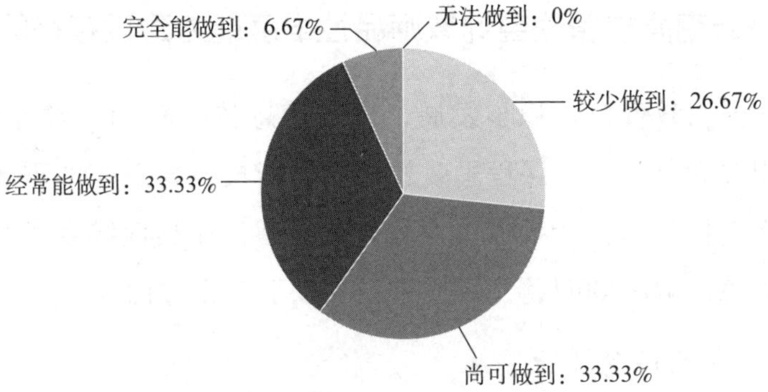


图 2-38　问题：能够融入课程思政目标

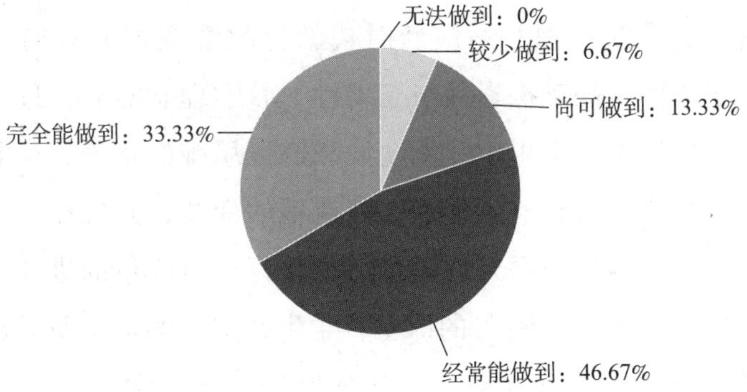


图 2-39　问题：能够保持热情，充分调动学生积极性

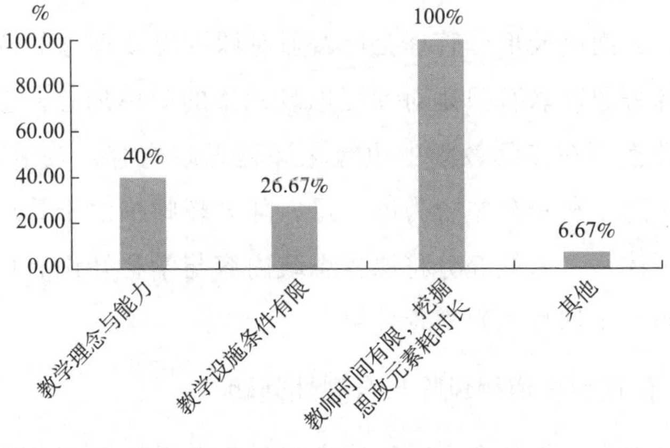


图 2-40　问题：您认为在当前课程中开展课程思政的主要困难

## 二、云南高校管理会计教师品性维度能力建设存在的问题

伴随国内教育事业稳步发展，现代信息技术辅助教学深度推进，专业知识多元化发展，课程思政教育成为高校教育工作的重要组成部分，云南高校管理会计教师作为教育实施者，在品性维度能力建设中存在诸多急需解决的问题，具体表现在以下三个方面。

### （一）教育理念滞后

调查研究数据显示，绝大多数云南高校管理会计教师在课堂教学过程中重视案例分析和实践经验分享，但部分教师仍然坚持传统教学理念，未能够及时把握并适应新时代教育教学变革的方向和新的要求，在一定程度上缺乏探索性与互动性，教学理念滞后，过于注重知识的灌输，忽视了对学生主观能动性和辩证思维的培养，这既阻碍了教育改革的步伐，又影响了管理会计课程的变革，并且在一定程度上制约了课堂教学质量的提升。随着高校教育教学改革的进展，尽管高校课堂不再是教师“垄断”的课堂，学生在课堂的地位明显提升，但教师的授课方式仍然存在单向输送的问题，导致学生的自主思考能力、辩证分析思维能力较弱，即仍然将老师当作理论知识的传播者，而非学习共同体。

此外，云南高校部分管理会计教师对课程思政理念的认识不够深入，认为课程思政教育只是对课程思政元素的简单加总，忽视其内在价值，导致教师在实际教学中边缘化课程思政内容，教学效果不佳。此外，由于跨学科资源整合力度不足，部分教师拘泥于管理会计专业框架与知识体系，未能充分将课程思政内容与学科知识有机融合，一定程度上影响了课程思政教育效果。

### （二）存在教育道德风险与合规性问题

高校管理会计教师在进行数据应用时，由于数据本身具有多源异构的特性，在一定情况下可能引发道德问题和合规性问题，存在道德

风险和逆向选择的可能性，甚至可能引发伦理问题。这也暴露了当下教育系统内部的脆弱性。因此，当下亟须重视如何增强教育数字化的韧性问题。

### （三）课程思政资源匮乏、理论研究不足

目前，高校课程思政资源相对匮乏，难以支撑课程思政元素融入课堂教学。具体表现为：课程思政教育资源单一，课程思政教育缺少素材与案例，且缺乏对现实、前沿问题的关注；缺少系统完善的培训体系，教师难以在教学过程中有效融入课程思政元素。此外，云南高校管理会计教师课程思政资源多来源于个人，资源共享平台建设不完善，一定程度上限制了教师间沟通共享。

由于思政教育与专业课程相融合的理念相对较新，高校教师在课程思政建设上确实存在认识不足、研究不够深入的问题。部分教师自身课程思政水平欠缺，缺乏相应的知识体系与理论素养，无法对深层次内容进行深入浅出的理解，无法在教学过程中有效融入课程思政元素。这导致一些教师在推进课程思政教学改革时缺乏精准把控，难以形成稳定的研究范式和推广的教学示范案例。此外，许多专业课教师认为他们的主要任务是传授专业知识与技能，而思想政治教育是思政教师的职责。这种认识误区导致了专业课与思政课的分离，未能实现两者的有效融合。由于认识上的误区，专业课教师在制订教学计划、设计教学内容时，往往不会考虑如何融入思政元素。同时，思政教师也缺乏与专业课教师的有效沟通，难以将思政教育内容与专业知识相结合。出于上述原因，专业课教师往往缺乏提升自身课程思政能力的主动性与积极性。在审视思政教育重要性时，部分高校教师持有一些观点，他们觉得思政教育并非直接关联于所讲述的课程内容，或者他们坚信自己所掌握的专业知识已经足够全面，无须再额外关注思政方面的内容，这种观点可能源于他们对思政教育价值的忽视。

## 三、云南高校管理会计教师品性维度能力建设问题形成原因

### （一）传统教育理念制约

在传统课堂教学过程中，往往由教师进行主导，学生以被动的角色接受知识。目前，部分云南高校和教师仍然受传统教育理念的制约与应试教育体系的影响，注重知识的单向传授，重视理论知识和考试成绩，而忽视了对学生主观能动性和辩证思维的培养，难以适应“大智物移云”时代对管理会计教育、教师及人才的要求。此外，在当前的教育体制中，部分云南高校存在对管理会计教育重视不足的情况，缺乏交互平台，往往采取大班授课的教学方式，使得个别学生难以有充足的时间与教师进行深入的互动。

### （二）数据的多样性和复杂性

数据本身存在的多样性和复杂性增加了数字技术在应用中的复杂性和风险性，可能会带来治理偏差。同时，数字技术在教育领域应用上的“黑箱效应”增加了合规风险和道德风险。具体而言，包括学生的隐私保护、教育规范与管理的合规、数据使用与共享问题。

### （三）课程思政重视程度低

课程思政资源匮乏与部分高校对其的重视程度低密不可分。尽管高校普遍开设了课程思政课程，并将课程思政元素融入专业学科教学中，但实际教学中此类课程存在边缘化现象，教育资源及教学课时不充足、教师缺乏教学经验和方法、社会环境中存在的不良风气也可能对课程思政教学效果产生一定的负面影响。此外，许多高校教师职称评定、绩效考核以教学成绩、学术研究成果为依据，导致教师对课程思政重视程度低，课程思政教育实施进度缓慢。学生对课程思政接受情况也在一定程度上影响课程思政教育发展水平，学生对于课程思政教育不熟悉，存在一定抵触心理，导致课程思政教育理念滞后。

### （四）课程思政能力培养机制不完善

近年来，尽管国家明确提倡并广泛推行课程思政，但在其实施过程中，深层次的挑战与问题逐渐浮出水面，特别是教师课程思政能力培养机制的缺失，成为其深入发展的“瓶颈”。学校管理部门虽对课程思政寄予厚望，但对教师的实际支持力度不足，以致教师在系统开展课程思政教学时面临诸多困难。有研究表明，由于缺乏系统的规划和协调，思政元素在教学中存在重复或遗漏的现象，部分知识点在不同课堂中被重复提及，而某些关键内容未得到应有的关注。实际上，课程思政水平的提升不仅关乎教师个人能力的提高，更是一项需要全校乃至全系统共同参与的事业。无论从能力培养的难度还是其作用的影响力来看，都需要管理部门进行统筹规划和全面施策。

### （五）课程思政成效评价体系不完善

课程思政的核心目标远不止于单纯的知识传授，它更专注于聚焦塑造学生的思想道德基石，深化其价值观念，并激发其对社会的责任感与使命感。这一目标的实现，旨在为学生的全面发展奠定坚实的基础，确保学生不仅具备专业知识与技能，更拥有高尚的道德情操和强烈的社会担当。这些方面的成效往往难以通过传统的量化评价方式来准确衡量。具体来说，课程思政成效评价体系不完善体现在以下三个方面。一是评价指标难以确定，在评估课程思政的效果时，需要全面考量学生的思想道德品质、价值体系以及对社会的责任感等多个维度，这些复杂层面难以通过单一的量化指标来全面衡量。此外，鉴于不同学科、不同课程在思政元素融入方式及深度上的多样性，构建一套统一且准确的评价指标体系显得尤为复杂和具有挑战性。二是评价方法不够科学，传统的量化评价方式往往难以准确反映课程思政的成效。例如，学生的考试成绩虽然可以反映其对专业知识的掌握程度，但无法体现思想道德素质、价值观念等方面的变化。此外，一些定性的评价方式，如问卷调查、访谈等，也存在主观性强、难以量化等问题。三是评价过程难以操作，在评价课程思政的成效时，必须将其融入整个教学流程之中，包括课程准备阶段、课堂教学过程以及课后反馈环节。通过这三个阶段的全方位考量，我们能更准确地评估课程思政的实施效果，从而确保其贯穿教育的全过程，但这也使评价过程变得复杂且难以操作。同时，不同学科、不同课程的教师可能在课程思政的理解和实践上存在差异，导致评价标准的不一致性和评价结果的不可比性。

# 第三章

# 国内高校管理会计教师能力建设成功经验借鉴

通过实地调研、问卷调查以及文献研究，本书对国内知名院校的管理会计教师能力建设成功经验进行了梳理和总结，以期为后续构建管理会计教师“六位一体”能力建设模型提供有益参考。

## 第一节　浙江大学：“商学+人文+科技”跨界融合

### 一、案例学校简介

浙江大学管理学院是中国大陆首家获得国际商学院协会（AACSB）、欧洲质量改进体系（EQUIS）、工商管理硕士协会（AMBA）三大国际权威认证的管理学院，是我国培养高层次管理人才的重要基地。学院顺应财务智能化趋势，以“创造能够促进中国社会转型和管理学科发展的新理论、新方法，培养引领和服务于经济社会发展的创新型管理人才”为使命，构建跨领域协同创新的知识体系，致力于建设具有持续发展潜力和国际影响力的管理学院，致力于培养兼具“智能管控+战略整合+价值发现”三大核心能力，能够引领商业进步和行业发展的高层次复合型、创新型会计领军人才。

### 二、成功经验借鉴

管理学院依托“人工智能+”“商学+”的新文科协同建设优势，倡导“商学+人文+科技”跨界融合，于2019年5月携手竺可桢学院基于会计学专业率先推出智能财务专业方向竺可桢本科班，开设会计专业课程、现代信息技术课程（Python程序设计、数据结构、数据库技术等）以及“会计财务+大数据+人工智能”跨学科融合课程（智能财务导论、人工智能与商业分析、实践前沿与专业实训等），并于2020年首度召开“中国会计、财务、投资智能化暨智能财务专业创新研讨会”，提出《重视AI技术发展　共商共创专业未来倡议书》，以培养适应时代发展要求的“人工智能+财会”跨界复合型创新人才。

此外，学院坚持专业引领，产教协同，打造产学研一体育人模式。组织师生到华为、阿里巴巴、吉利、金蝶等企业开展智能化财务学习，通过实践体验，增强学生对智能化财务建设的直观感受，有利于提升学生对智能化财务环境的认知，提升学生理论与实践融合发展水平。同时，为了进一步推动高层次智能财务人才培养、科学研究和社会服务，深化产教融合，浙江大学管理学院与物产中大集团深化合作，双方积极推进包括智能财务云实验室、产学合作实践教育基地、实践导师指导教学和智能财务实践案例库等合作项目的建设，开创优势互补、成果共享、共同发展的校企合作“新样板”。

## 第二节　中国人民大学：产学研协同育人

### 一、案例学校简介

中国人民大学会计教育始于20世纪50年代，是我国会计管理理论的发源地，奉行为国家现代化建设培养优秀专门人才的办学理念。2004年，学校被选为首批会计硕士（MPAcc）专业学位试点单位，同时成为全国会计硕士专业学位教育指导委员会秘书处所在地。随着数字经济时代的到来，中国人民大学基于对大数据与人工智能的会计教学与研究，围绕战略视野、价值构建、合作创新、业务精深、实践前沿五个方面开设了会计学专业（智能会计方向），致力于培养具备跨学科知识、技能整合能力的应用型、复合型人才。

### 二、成功经验借鉴

为适应“大智物移云”时代对会计工作和人才的新要求，中国人民大学商学院于2020年开设会计学专业（智能会计方向），在保留会计学科传统优势和财会核心课程的基础上，整合学术界、业界资源，实行“校内导师+实践导师”双导师制，与用友、德勤、远行科技等合作构建财务共享、人工智能的财务与会计、云会计等智能财务共享、数字化转型相关课程体系，同时增加现代信息技术类关键课程，辅以实务界智能化系列讲座，旨在培养师生数智化思维、专业前沿意识及现代信息技术能力，助力师生在数字时代将人工智能、大数据等现代信息技术灵活运用于会计工作中，促进会计工作智能化发展。

## 第三节　上海财经大学：数智化人才培养

### 一、案例学校简介

上海财经大学会计学院前身为南京高等师范学校商业专修科下的会计专业，迄今已有近百年历史，1997年10月更名为会计学院，在会计学界享有很高的声誉。上海财经大学会计学院1992年被财政部评为“全国财政先进单位”；1995年被财政部评为“全国先进财会工作集体”；1997年会计学科被评为财政部重点学科；2000年申报的“会计与财务研究院”被教育部评为国家人文社会科学重点研究基地，是中国会计学会会计教育分会秘书处常设单位；2018年“会计改革与发展学科创新引智基地”入选教育部、国家外专局“111计划”；2022年会计学专业虚拟教研室入选教育部首批虚拟教研室建设试点。

### 二、成功经验借鉴

为适应市场人才需求，结合数字技术发展状况，上海财经大学会计学院构建起数智化人才培养体系，实施“1351 人才工程项目”，校企联动建设智能化实验教学场景与平台，加大数智化师资培养力度。上海财经大学会计学院设立了财务管理（智能化）专业，目的在于培养学生在智能化环境下开展财务工作的能力。在专业课程安排上着重突出学生数智化能力建设，紧跟时代需求，塑造学生在就业市场上的竞争优势，提升学生就业竞争实力。在课程设计上除了会计、财务管理、战略管理、金融等专业知识，还引入会计信息系统、程序语言、智能财务及商务数据分析作为必修课，同时学校开设了 SQL 数据库基础、大数据分析与挖掘、财务建模、区块链等大数据分析选修课程。上海财经大学在智能化课程设置上为管理会计的教学培养提供了参考，让会计工作由“账房先生”向“决策会计”“管理会计”转变，更好地应对新文科给高等教育带来的机遇和挑战。

2018 年，上海财经大学会计学院携手新道科技组织“智能化环境下战略型会计人才培养创新”项目，荣获“第八届高等教育国家级教学成果奖”一等奖。此后，学校专注于会计数智化教学改革，于 2020 年与新道科技股份有限公司、用友网络科技股份有限公司举办“会计智能化教育改革论坛”并签订协议，合作建立智能化教学改革研究中心，以智能化会计与财务学科发展为主题，以提高会计与财务学科教育智能化质量为着力点，以改革创新为动力，探索新文科建设背景下会计学科改革与师资、人才培养，构建熟练掌握会计专业知识与现代信息技术的跨学科交叉融合型人才培养体系，打造具备数字化思维、关注学科前沿动态的先进师资队伍。

## 第四节　中央财经大学：业财一体化教学

### 一、案例学校简介

中央财经大学被誉为“中国财经管理专家的摇篮”，其会计学科始建于1952年，是全国高校会计学科办学规模最大的高级财会人才培养基地之一；于1994年成为全国22所具有CPA专门化方向办学资格的院校之一；2007年获批会计学国家重点学科，同年《管理会计学》被评为“国家精品课程”；2008年获批“全国高等学校特色专业建设点”；2019年会计学专业获批北京高校“重点建设一流专业”，同时入选首批国家级一流本科专业建设点，在国内会计、审计教育领域具有举足轻重的地位。

## 二、成功经验借鉴

为了培养适应数智化时代发展的应用型、复合型人才，中央财经大学于2023年开设财务共享与数字化转型高级研修班，围绕财务共享、数字化转型和财务管理创新等方面进行课程开发及授课，讲授从财务共享服务到财务数字化、数字化时代的智慧财务，从财务到财经、经营管理，从经验主导到数据驱动等多门财务共享与数字化转型相关课程。此外，中央财经大学与甲骨文公司协商共建“会计信息化联合实验中心”，基于EPM系统开发会计信息化课程，将现代信息技术课程融入财务会计、财务管理、管理会计、审计四大专业模块，打造“会计信息化：合并报表”“会计信息化：战略财务”“会计信息化：预算管理”“会计信息系统与审计”等跨学科交叉融合的专业课程体系，聘请实务界专家指导上机实验，构建业财一体化教学综合平台，提升管理会计教师能力，深化教学内容与教学体系改革。

2023年3月7日，中央财经大学会计学院与见知数据科技有限公司签订产学研合作协议，会计学院党委书记刘俊勇指出，“见知数据的现金流数据分析与管理的系统化方法论经过了市场检验，有助于企业、学校实现可视化、精细化、智能化的经营和管理”。校企双方共建产学研平台并开发现金流数据分析和风险识别课程，借助见知数据现代信息技术优势，拓宽实践领域，培养新型会计人才与专业师资。此外，学院与四大国际会计师事务所及企事业单位（财政部、审计署、国资委、全国总工会、中国气象局、国铁集团、中核集团、中国石油、中国石化、国家电网、国家能源投资集团、中国化工集团、北京建工集团、国华电力）、银行（中国建设银行、华夏银行）、中华联合财产保险公司共同建立实践教学基地，丰富实践教学内容，推动管理会计教师在教学过程中提升商业实践水平。同时，开展“两班一营”教学模式，设立“科研创新实验班”“行动学习实验班”，开展专题式管理会计行动学习项目，由会计专硕研究生、校内教师、校外专家围绕5个专题组成项目小组，通过企业实训、实践调研对现实问题展开研究与探讨，制定解决方案，以此达到师资能力和组织发展同步提升，依托教学资源着力开展应用型、复合型师资和人才培养。

## 第五节　西南财经大学：跨学科专业培养

### 一、案例学校简介

西南财经大学有着中国最早建立会计学科的兴学历程，前身可追溯到1925年中国上海光华大学商学院会计系。学院始建于1938年上海光华大学内迁成都之时，迄今已有80余年办学历史，曾由我国会计界先驱、会计师制度创始人、第一位注册会计师谢霖教授主持工作，是全国首批设立会计学本科专业、CPA方向、MPAcc专业学位、大数据会计学实验班的院校之一，是中国管理会计、财务会计人才培养重要基地。2018年，学院顺利取得AACSB商科认证；2019年又取得会计认证，成为中国首个双认证学院，并于2024年通过双认证再认证，跻身全球前1%的商学院之列。

### 二、成功经验借鉴

西南财经大学将培养集会计财务专业理论知识、大数据分析处理技术、计算机人工智能与IT信息技术等文理工专业知识和技术技能于一体的新型高端复合型会计人才和会计财务领导者作为新时期人才培养目标，要求学生毕业时熟练掌握人工智能与大数据时代下处理新型会计业务的专业技能和工具方法。为此，针对事务所等业界需求，西南财经大学会计学院携手经济数学学院、经济信息工程学院、统计学院共同制定了跨学科专业培养方案，致力于培养符合时代发展的大数据会计人才。此外，西南财经大学会计学院于 2018 年开设会计学大数据实验班，2019 年在会计专业引入大数据分析和智能决策相关课程，秉持“三种逻辑（会计与财务逻辑、数据分析逻辑、智能决策逻辑）+一种思维（战略思维）”理念，引导师生参与“大数据会计分析与智能决策”特色实践项目，完成项目三阶段考核，达到合格要求。实践项目历时两个月，参与者将完成理论学习、数据挖掘和财经应用三个板块的学习。实践项目前两个阶段均由系统对参与者的学习情况进行评定，第三个阶段由本学院专家组对参与者作品从学术内容、数据处理、表达以及创新四个方面进行严格打分，并出具评语与建议。接下来，项目组将对校内专家评选优秀和申请对外评审的小组作品送外审进行选优，由实务专家（央企、党政机关从事大数据相关工作的中层及以上干部）对参与者的作品进行评分。

西南财经大学会计学院也高度重视实践教学环节，学院依托大数据会计教学与研究中心、大数据会计与财务实验室，以及与中诚信国际、用友公司、浪潮集团等共同搭建的大数据会计与智能财务产学研一体化平台，打造三维立体实践教学体系，创设“三大工程—十大项目”（感知实践工程、专业课程实践工程、角色体验工程及社会认知实习基地项目、专业感知实践项目、财会审实践前沿课程项目、专业技能课程建设项目、专业实践教材建设项目、会计主流软件课程应用项目、专业技能 ERP 模拟经营沙盘大赛、境外实习项目、毕业实习与实习基地建设项目、青年教师教学实践项目），着力培养能够适应大数据和人工智能发展，集会计财务、数据分析和智能决策等专业能力于一体，同时具备战略思维和国际化视野的高层次复合型师资与人才。

## 第六节　东北财经大学：智能化应用培训

### 一、案例学校简介

东北财经大学会计学院前身为东北财经大学会计系，1995 年经财政部批准，组建全国第一家财经高校下属的会计学院，目前也是东北财经大学最大的教学单位之一，具有“高素质、应用型的人才培养模式”与“国际化、市场化的办学方向”相结合的办学特色。

### 二、成功经验借鉴

2023 年，科大讯飞股份有限公司采取线上方式对东北财经大学会计学院师生进行了“智能化财务应用实践培训”，做了“报账机器人高校演练环境”的实操培训，对学院以“数据化、智能化”为导向的教育教学改革具有重要实践指导意义。此外，学院管理会计虚拟教研室被评为“辽宁省省级示范性虚拟教研室”，虚拟教研室是利用现代信息技术手段构建的新型管理会计教学组织，其构建有利于深度挖掘教师现代信息技术工具使用能力，深化新文科教学改革，推动管理会计专业高质量发展。同时，东北财经大学会计学院还与德勤华永会计师事务所（特殊普通合伙）大连分所签订校企合作协议，通过优化师资引进、调整课程设置、建立虚拟教研室、实施学术人才孵化计划等一系列方式，依托校外实践基地深化与企业的合作，帮助学生积累数智化转型、大数据前沿知识，共同培养一流数智化财经人才。

此外，2020 年，东北财经大学会计学院成立管理会计研究中心，研究中心依托东北财经大学会计学院的学科优势和学术资源，通过与校外管理会计专家、学者、实务工作者以及研究机构、企事业单位等开展合作，整合优势资源，探索管理会计理论研究与创新，总结提炼管理会计实践经验做法，旨在打造以“产、学、研”合作为基础，以推动中国管理会计理论与实务发展为目标，集理论研究、学术交流、实务咨询服务、人才培养等功能于一体的高端管理会计研究和应用平台。其重点工作包括：跟踪管理会计理论、实务与政策的前沿发展，推动管理会计领域的理论研究、应用研究、政策研究与学科建设；定期召开管理会计学术沙龙与研讨会，广泛组织和开展多种形式的管理会计学术交流活动，推进具有中国特色的管理会计体系建设；围绕管理会计的前沿发展与实务创新，推动管理会计理论研究成果的应用转化，开展对企事业单位的管理会计实务咨询，推动我国企业管理的转型升级；定期到企业进行调研，开发管理会计课程案例和实践应用案例，总结并提炼具有中国特色的管理会计实践经验；依托会计学院的学科优势，为社会培养、培训、输送本科、硕士、博士等多层次的管理会计方向人才。

## 第七节　上海立信会计金融学院：立信—金蝶战略合作

### 一、案例学校简介

上海立信会计金融学院是一所会计、金融特色鲜明的公办全日制普通高等学校。2016 年 6 月，原上海立信会计学院与原上海金融学院合并，组建上海立信会计金融学院。“立信”之名源自《论语》“民无信不立”，学校起源于“中国现代会计之父”潘序伦先生 1928 年创办的立信教育事业，被业界誉为“中国现代会计教育的发祥地之一”和“未来金融家摇篮”。学校作为中国产学研合作促进会常务理事单位、中国校企协同产学研创新联盟常务理事单位、首批上海高校课程思政教育教学改革整体试点高校之一，以立德树人为根本任务，以学科培育、师资培养、人才培养为导向，坚持学科引领发展，坚持大数据引领现代信息技术学科群发展，坚持会计准则、国际经贸协定，推动会计学科群发展，形成经、管、理、法、文等多学科协调发展的学科格局，并于 2018 年 12 月被列入“上海高水平地方应用型高校建设试点高校”。

## 二、成功经验借鉴

《会计改革与发展“十四五”规划纲要》指出，随着数字经济发展，将推动会计职能由传统的算账、记账、核账、报账和价值反映向价值管理、价值创造、资本运营、战略决策辅助等职能持续转型升级。人工智能、财务共享等新兴事物的出现，给传统会计行业带来深刻变革，管理会计人才须提高数据挖掘能力以适应新型管理会计岗位的需求。在此前提下，上海立信会计金融学院于2018年初制定了《智能财务人才培养方案》，致力于培养财务会计（具备财务共享流程整合优化能力；管理会计工具方法应用能力；财务绩效评价与决策支持能力；战略、营运、风险管控服务能力）与现代信息技术（具备企业信息系统整合应用能力；企业财税一体化数据信息融合能力；会计工作任务机器自动化处理的设计与实施能力；财务数据挖掘、分析、可视化呈现的设计与实施能力）跨界融合专业人才。此培养方案将人才培养目标定位为：培养面向智能时代企业运营管理需要，熟悉企业财务法规制度和业务规则，能熟练运用管理会计工具方法，在企业信息化系统支撑下有机融合企业财务与业务活动信息，通过工作任务自动化执行、数据挖掘与分析等方式，为企业提供财务规划、决策、控制和评价服务的高水平应用型人才。此外，2022年12月11日，上海立信会计金融学院、国家创新与发展战略研究会、中国经济与金融研究中心携国际注册专业会计师工会、金蝶软件有限公司等举办“中国式现代化与会计审计教育的未来”论坛，并且指出，随着业财融合、数据中台等新概念的提出，上海立信会计金融学院瞄准专业前沿阵地，加大熟练运用会计审计基础知识、决策管理专业知识和现代信息技术的复合型师资培养力度，从课程教学、实践基地多角度切入，以数字智能、校企融合为导向进行教育革新，推动产学研一体化发展。

基于信息化教学经验，通过对比、评估，上海立信会计金融学院教学团队创设了适应新文科变革的财务软件应用（金蝶财务云）、企业会计综合实验、集团公司会计综合实验、财务共享服务课程，构建实践教学课程体系，于2017年9月主动与金蝶取得联系，签订战略合作协议，申报获批产学协同育人项目“立信—金蝶企业财务共享实践教学中心建设”“立信—金蝶产教融合实践基地建设”，并在金蝶财务共享平台支持下申报获批了立信智能财务虚拟仿真实验项目以用于财务共享服务课堂教学。2019年，学校携手金蝶首创校企合作智能财务实验班。同时，规划建设实践教学中心，包括财务云实验室、业财融合实验室、财务共享实验室、业务财务智能化实验室、决策支持智能化实验室、智能财务匠师工作室，涵盖企业财务共享管理系统、企业财务云ERP平台、企业BI数据分析系统、财务机器人（语音交互）系统等智能化条件设施，为金蝶云财务实验、业财一体化实验、财务智能化实验等课程开展提供强有力的技术支持保障。此外，学校教师团队基于对会计专业学生学习状况的了解、分析，与立信合作进行智慧财务师资培训，举办学术会议及智能财税基地参观活动，针对性地助力教师团队掌握会计领域前沿信息，转变教学理念，提高教学水平。同时，上海立信会计金融学院聘用会计学科校外专家、企业财务部门骨干员工与本校教师共同把握管理会计教学方向，以业界会计工作发展方向为导向，实施“专职+兼职”双重培养机制。采用“学校—互联网—企业”协同育人模式，促进会计教育和专业实践融合发展，为培养复合型、应用型会计人才奠定基础，是管理会计实践教学革新以及推动师资能力构建的全新尝试。其中，互联网作为学校、企业的中介，承担连接注册会计师协会、会计师事务所等组织的责任。在此模式下，学校可利用平台进行仿真实训，全面提高实践育人实效。

# 第四章

# 新文科背景下云南高校管理会计教师“六位一体”能力建设模型构建

在会计发展历程中，行业变革总是基于一定的社会背景。一方面，会计对促进经济社会的持续发展发挥积极的作用；另一方面，经济社会的发展变革进一步影响会计的发展变革方向。回顾会计发展历程，无论是会计工具方法的创新，还是会计职能的拓展转变，都是以适应当前经济社会发展，解决经济社会中的现实问题为目标。因此，从会计与经济社会发展的关系来看，会计具有较高的实践性，会计职能的发挥要以经济社会中的实际业务活动为载体，经济社会实践是会计理论创新发展的土壤。随着国际、国内经济社会发展呈现多元化和日趋复杂化的趋势，经济社会发展对会计职能的需求发生深刻变化，以会计准则为基本遵循的传统财务会计职能在应对复杂多变的经济社会环境时逐渐暴露出能力缺陷，在促进经济社会发展进步方面，基于确认、计量、报告的传统财务会计明显力有不逮，因此，在需求刺激及理论界的持续研究创新下，管理会计作为会计的又一分支应运而生。在国内，管理会计被正式系统地列入会计发展规划要追溯到 2014 年 10 月 27 日财政部《关于全面推进管理会计体系建设的指导意见》的颁布实施，这一指导意见提出，会计职能要进一步适应并服务于经济社会的发展，需要构建与财务会计有所不同的服务于企业管理决策的又一会计分支体系。同时，随着会计体系的拓展完善，对于会计人才培养的主体——会计师资来说，需要调整、完善并构建符合经济社会需要的相关职业素养。

除经济社会发展对会计职能需求的变化影响管理会计的发展变革外，技术是推动会计职能变革和会计人员素质发展转变的又一重要因素和基本支撑条件。在以数字技术为重要支撑、数据资产为重要生产要素的第四次产业变革中，随着企业、产业、社会的数字化转型升级，经济社会对会计职业服务要求发生深刻变革，数字技术使企业财务管理流程、组织发生深刻变化，要求会计人员业务、技能、综合素质对应调整；同时，人工智能正在侵蚀传统会计职能，在诸多因素作用下促使会计职能转型势在必行，会计人员的工作内容也将从传统的以会计核算、报表编制、信息披露等基础事务性财务工作为核心向符合时代要求的分析、预测、管理、控制等职能转变。这意味着对会计人才的要求也在发生同步转变。数字时代，会计职能由基础业务处理向管理和决策支持转变，需要会计人员在日新月异的商业环境中具备敏捷的应变性，因此，会计人才既须具备扎实的理论知识，更须具备知识运用的实践能力，体现经济社会对会计人才综合能力的更高层次要求。会计人才发展应以培养发现、分析、解决问题能力的新时代高层次人才为导向，实现会计人才市场供需衔接，解决会计行业人才供需的结构性矛盾。

高校作为管理会计人才培养主阵地和知识创新活跃地，应以现实人才需求为基础，以专业创新发展为追求，以优化教育教学培养模式为途径，以提高教师教育教学能力和质量为支撑，培养理论知识扎实、人文素养高、实践能力强、商业敏感性好、应变能力强的高素质复合型管理会计人才。培养高素质管理会计人才要以正确认识管理会计的本质属性为起点，基于当前国内管理会计的发展现状，国内学者对管理会计的本质内涵进行了探索，管理会计是“基于管理的会计”这一观点在当前比较被认可，这一观点突出了管理会计的管理属性。众所周知，管理职能的高效发挥应是理论与实践的相互作用，仅有理论的管理无异于纸上谈兵，而缺乏理论支撑的管理实践也难以为继，从这一点来看，管理会计教师“六位一体”能力建设刻不容缓。

## 第一节　专业精深能力：助力学科发展，深化专业知识

新文科建设背景下，管理会计的角色发生了显著转变，从过去单一的财务核算转化为当今企业不可或缺的战略决策角色。这一转变不仅体

现了管理会计学科的发展趋势，也彰显了其在现代企业管理中的重要地位。在云南这片拥有特殊地理位置的土地上，经济社会的发展呈现出独特的模式，自然资源和文化底蕴在为其经济繁荣提供独特机遇的同时也带来了一系列独特的问题和挑战。因此，云南高校的管理会计教育需要紧密结合地方经济社会发展的实际需求，培养出能够解决实际问题、具备战略眼光的管理会计人才。对于云南高校的管理会计教师而言，专业精深能力的提升至关重要。这不仅关乎教师个人的职业发展，更关系整个管理会计教育体系的完善和提升。随着管理会计学科的不断发展，教师需要不断更新自己的知识体系，掌握最新的教学方法和工具，以便更好地指导学生、服务社会。

## 一、提升专业精深能力有助于深化专业知识，适应学科发展

管理会计，作为一门综合性和实践性极强的学科，其重要性在现代企业管理中越发凸显。它涵盖了企业决策、控制、评价等层面，是企业高效运营和持续发展的关键。随着全球经济环境的不断变化和企业业务模式的创新，管理会计在知识结构和理论方法上也呈现出不断创新发展的趋势。从知识角度来看，管理会计教师需要具备扎实且宽广的理论知识，包括深入理解和掌握管理会计的基础理论知识，如成本分析、预算管理、绩效评估等，这些是企业日常运营和决策中不可或缺的工具。同时，随着信息技术的快速发展，现代管理会计已经与大数据、云计算、人工智能等现代信息技术紧密结合，因此，管理会计教师还需要掌握现代信息技术知识，以便更好地指导学生应用这些技术解决实际问题。此外，在新文科建设背景下，跨学科交融已经成为一种趋势。管理会计教师不仅需要精通本专业领域知识，还需要熟悉与之相关的其他学科知识，如经济学、金融学、统计学等。这种跨学科的融合能够丰富管理会计的教学内容和教学方法，使学生从多个角度理解和应用管理会计知识，更好地适应未来职业发展的需求。因此，对于云南高校管理会计教师而言，他们不仅要不断提升自身的专业能力和素养，还要紧跟学科发

展的前沿趋势，不断更新知识体系，以更好地满足社会对管理会计人才的需求。

## 二、提升专业精深能力有助于优化教学技能，革新教学模式

专业精深的教师能够清晰明了、深入浅出地将复杂的管理会计知识传授给学生，知识面宽的教师还可以传授学生财务分析、预算控制、成本管理等多方面知识，以全局视野指导学生学习。反之，若教师对专业精耕较浅，学生掌握技能和知识的深度、广度都将受限。在现代教育体系中，教师的专业成长和教育技能的提高，是提升教育质量的关键因素。随着科技的进步和教育理念的不断更新，传统的教学模式已经难以满足当今社会对教育的多元化和高效率需求。因此，教师必须不断地深化和拓宽自身的专业素养来优化教学技能，进而实现教学模式的创新。

首先，提升专业精深能力有助于教师更好地理解和把握学科知识，从而能够在教学过程中更加准确无误地传授知识。这种精准性不仅体现在知识点的传授上，更体现在对学生学习需求的把握上。教师通过深入学习专业知识，能够更准确地判断学生的学习难点和盲点，进而调整教学策略，优化教学技能，提高教学效果。其次，专业精深能力的提升，有助于教师跟上教育技术的发展步伐，充分利用现代科技手段，如多媒体教学、网络教学等，来丰富教学手段，提高课堂的互动性和趣味性。这种技术的运用，不仅能够激发学生的学习兴趣，还能提高教学效率，使教学更加生动和有效。最后，专业精深能力的提升，还能推动教师去探索和尝试新的教学模式。传统的教学模式往往以教师为中心，学生处于被动接受的状态。然而，随着教育理念的转变，越来越多的教师开始尝试以学生为中心的教学模式，如翻转课堂、项目式学习等。这些新的教学模式要求教师具备更高的专业素养和创新能力，以实现教学的个性化和差异化，从而更好地满足学生的学习需求。总而言之，专业精深的教师对于管理会计教育至关重要。他们不仅能将复杂的理论以浅显易懂的方式呈现，更能通过各种教学模式及实践活动，帮助学生构建起扎实

的理论基础和实用的操作技能。

## 三、提升专业精深能力有助于强化研究素养，培养科研能力

新文科建设背景下，学术研究的复杂性和专业性更高，高校管理会计教师提升专业能力不仅要求其持续更新自身知识库，还要求其积极参与学术交流、阅读最新学术论文、参加学术会议和研讨会以把握学科前沿知识，这一过程也有助于教师强化研究素养、培养科研能力。此外，增强专业能力意味着教师需要精通研究方法论，能够设计并实施科学的研究计划，包括但不限于提出创新的研究问题，采用恰当的研究方法收集和分析数据，以及撰写严谨的研究报告和学术论文。教师应当充分利用现代信息技术高效检索资料，批判性分析各种学术观点，进而在此基础上形成自己独到的见解。

## 四、提升专业精深能力有助于塑造职业品质，传播正能量

新文科强调对人的全面培养，包括品性教育在内的全人教育，是综合素质的培养，而良好的品性是综合素质的重要组成部分。从品性角度看，管理会计教师的专业精深能力建设也包括其职业道德品质的提升，这将影响学生良好品质的塑造，从而为社会输送更多具备良好伦理感和社会责任感的人才。首先，教师应具备职业道德，如公正公平、尊重学生等；其次，应具备较强的责任感和敬业精神，愿意投入时间和精力提高自身专业水平，以促进学生的全面发展；最后，作为教师，对知识的热爱、对教育的热情以及对学生的关心和关爱是必不可少的，作为学生的引导者，教师的言行举止、敬业精神、职业态度，都会对学生产生深远影响。

## 五、提升专业精深能力有助于促进产学研一体化

专业精深能力建设促使教师掌握更深厚的专业理论知识，具备积极参与行业项目、企事业单位合作等实践活动的主观能动性，具备将学科

知识与专业实践相结合的能力，促使教师深入了解行业发展趋势、需求和挑战，并将实践案例应用到教学过程中，为学生提供更实用、更贴近实际应用的教育，使学生更好地掌握课程内容，培养其解决实际问题的能力，增强学生的综合素质和就业竞争力。

## 第二节 数据挖掘能力：适应职能转变，强化专业素养

提升高等教育教师队伍的数据挖掘能力，是推进教育数字化全面转型的前提，是适应管理会计职能转变的必然要求，是适应岗位结构性变动的必要条件，是顺应管理会计教育内涵式发展的现实需要。因此，新文科建设背景下，加大云南高校管理会计教师数字挖掘能力培养力度十分必要。

### 一、提升数据挖掘能力有助于适应管理会计职能转变

随着数据要素市场规模的逐渐扩大和业务环境的快速变化，培养数据挖掘能力已成为管理会计职能转变的必然要求。首先，现代企业越来越依赖数据来决策和规划业务战略。管理会计职能转变的一个关键因素是将数据作为决策的基础，数据挖掘能力能够帮助管理会计专业人员利用更加精确的数据进行全面的、系统的、综合的分析，以支持决策制定和战略部署。其次，管理会计职能从传统的财务报告和成本核算转变为更广泛的数据分析和业务洞察。只有具备数据挖掘能力的管理会计人员才能更好地应对复杂的数据环境，进行更精确、全面的数据分析，识别出影响企业绩效的关键要素，发现潜在的问题和机会，并提出相应的改进措施，并从中提取有价值的信息和见解以提高企业绩效。另外，从传统意义上讲，业务和财务功能在很大程度上被分离开，业务部门负责经营活动和业务决策，而财务部门负责财务报告和成本核算，分离的业务和财务功能导致了信息孤岛的存在。缺乏综合性的视角使得企业很难从整体上了解业务运营情况，并很难通过综合考虑财务和非财务指标进行

决策。同时，业务和财务分离使得管理会计人员很难识别出影响企业绩效的关键业务要素。财务报告只提供了一部分信息，据此无法深入了解业务运营的核心驱动力。管理会计职能需要准确地了解业务运营的各个方面，才能提供有力的业务分析和决策支持。因此，在传统管理会计视域下，其所发挥的职能受到限制。而数据挖掘能力可以从不同的数据来源中提取和整合数据。无论是来自业务部门的运营数据，还是来自财务部门的财务报告，都可以通过数据挖掘技术进行整合和分析。这样一来，不同部门的数据就可以被综合利用，形成全面的视角。而且，数据挖掘技术可以为管理决策提供综合的支持。通过数据挖掘技术得出的结论和建议，可以综合考虑财务和非财务指标，从而为管理者提供更全面和准确的决策支持。这种综合性的决策支持可以帮助管理者更好地了解业务运营情况，并制定更具效益和可行性的决策。

## 二、提升数据挖掘能力有助于适应岗位结构性变动

在当前数智化背景下，数字技术依托“数字产业化”和“产业数字化”垂直赋能关系实现价值增值，推动相关产业在生产方式、产品形态、经营方式、商业模式等多维度产生深刻变革，新职业、新工种不断涌现。2022 年版的《中华人民共和国职业分类大全》对各类职业进行了相关调整，特别增设了与数字技术相关的若干职业，占职业总数约 35%，反映出数据要素所带来的新的职业变化。随着工业 4.0 时代的到来，数字经济已改变了现有的职业结构，产生了数据分析师、数据工程师、数据可视化专家以及数据治理专家等新型职业。这些新型的职业不同于传统的职业，需要具备一定的数据挖掘能力。以数据分析师和数据工程师为例，数据分析师不仅需要收集、整理、清洗和分析数据，从中提取有价值的信息和线索，为业务决策提供支持，而且需要有深入的统计学、机器学习、编程和专业领域知识，能够综合利用大数据技术和算法，通过研究数据，发现新的商业机会、解决复杂问题，并提出可行的解决方案；数据工程师负责构建和维护数据基础设施，包括数据仓库、

数据管道和数据集成系统等。他们设计和实现数据处理流程，确保数据的准确性、可靠性和安全性。数据工程师通常具备数据库管理、ETL（提取、转换、加载）和编程等技能。在当前以技术驱动业财融合的背景下，高层次、综合性的管理会计人才匮乏造成了结构性就业矛盾，管理会计教师需要掌握必备的数字挖掘能力，从而解决结构性就业矛盾，以适应岗位结构性变动。

## 三、提升数据挖掘能力有助于管理会计教育内涵式发展

提升数据挖掘能力是教育内涵式发展的重要体现，而教育内涵式发展是实现学科高质量发展的要求，因此，提高数据挖掘能力可以推动教育教学模式的改革，促进教育内涵的提升。首先，教育内涵式发展强调培养学生的核心素养和综合能力。而数据挖掘是一种综合性的技能，需要管理会计教师具备扎实的专业知识、逻辑思维能力、数据分析能力等。通过提高管理会计教师数据挖掘能力，不断提升学生的综合素质，包括专业技能、创新能力、解决问题的能力等，推动管理会计教育的内涵式发展。其次，在具体的管理会计活动中，如何利用数据挖掘技术来提高企业资产安全度、盈利质量、现金流以及核心利润率，同样体现了管理会计教育内涵式发展的现实需要。而提升数据挖掘能力进行基于大数据时代会计人才培养模式的改进研究使会计人才培养模式更好地适应大数据时代的发展需求，包括提高学生的数据挖掘技术能力和分析能力，以更好地在具体的管理会计实践活动中发挥其应有价值，并提高岗位适应能力，满足社会对管理会计教育的现实需求。最后，随着我国教育的发展，管理会计教育现实诉求对学科融合提出了更深层次的要求。为了帮助企业更好地理解和运用会计信息，促进管理决策的科学化和精细化；为了促进企业绩效提升，实现资源的最优配置和利用；为了完善企业内部控制和管理流程，提高企业管理效率与质量等，需要管理会计课程与其他学科融合，以更好地应对企业在管理和决策过程中的挑战。而数据挖掘是一种通过分析海量数据，发现隐藏在其中的模式、关联和

趋势的技术和方法，通过提高数据挖掘能力寻找学科间的关联，找出学科间的契合点，能使各学科在与管理会计课程融合的过程中服务于管理会计，如财务风险预测、数据驱动决策、成本控制与效率提升、市场营销与客户分析等，不断拓展管理会计的应用领域，实现管理会计教育的内涵式发展和外延式创新。因此，提升数据挖掘能力是顺应管理会计学科发展的现实需要。

## 四、提升数据挖掘能力有助于管理会计教师角色转变

传统的管理会计教师主要负责教授学生会计基础知识和基本专业技能，如会计原理、会计准则等基础知识以及编制和分析财务报表、进行成本计算和预算编制等实际应用技能。他们通过课堂教学、案例分析等形式将这些基础知识传授给学生。同时会讲解不同的管理会计技术和工具，如成本核算、预算控制、绩效评价等，帮助学生理解这些概念，并且能够在实践中应用。而随着教育由传统的外延式发展转向内涵式高质量发展，传统的会计教师角色已无法适应数字经济发展的需求，管理会计教师角色亟须转变，从而帮助学生塑造批判性和创造性思维。在数智化背景下，管理会计教师的任务之一是培养学生的数据思维。管理会计教师需要扩展知识范围，教授学生数据科学的基本概念、数据分析方法和技术，让学生了解数据驱动决策的重要性，以及如何利用数据解决管理会计问题，引导学生学会收集、整理和分析数据，从中获取有价值的结论，并且选择具有真实数据和实际业务案例的教学内容，帮助学生理解数据分析在实践中的应用，并能够独立解决实际业务问题。因此，管理会计教师需要掌握数据挖掘能力，促进自身角色的转变，促使学生适应智能化、网络化的学习和工作环境。

## 五、提升数据挖掘能力有助于加强教师专业素养

管理会计教师的专业素养对培养学生的管理会计实践能力和提升管理会计教育质量具有重要意义，而提升数据挖掘能力有利于加强管理会

计教师的专业素养。首先，在提升教学质量和效果方面，管理会计教师掌握一定的数据挖掘技能可以分析学生的学习数据，建立预测模型来识别学生可能面临的困难和挑战，并采取有针对性的干预措施，来帮助教师更好地理解每个学生的学习特点和需求，为其量身定制个性化学习计划和学习方案，激发学生的学习兴趣，继而从学生的学习中得到反馈和提升，实现教学相长，提升管理会计教师的专业素养。此外，数据挖掘能力亦可通过优化课程设置、教学方法和教学资源的分配等方面来提升教学质量和效果，其具体影响路径与方法前文已详述，故此处不再赘述。其次，在实践指导能力方面，提升数据挖掘能力有助于学校与企业之间建立联系和合作关系，通过与现实工作情景的接轨，运用一定技术手段模拟企业真实经营状况，将这些信息融入教学实践之中，使管理会计教师切身了解实际工作环境和需求，从而提高管理会计教师的实践指导能力。再次，在领导力方面，数据挖掘能力的提升能够帮助教师更好地收集、分析和决策，能够基于客观数据做出更准确、更有预见性的决策，而这种数据驱动决策的方式能够使管理会计教师更有自信地去制定并执行相关的教学计划和指导方法。又次，管理会计教师能够激发学生的创新意识和数据分析能力，培养学生独立解决问题的能力，这种引导学生走向创新和独立思考的能力也是教师领导力的体现。最后，在职业操守方面，数据挖掘能力涉及大量敏感信息和隐私数据，管理会计教师若要具备优秀的数据挖掘能力，需要遵守职业伦理规范，确保数据的合法使用和保护，通过学习和应用数据挖掘技术，从而更好地理解数据伦理和数据隐私的重要性，避免不当使用和滥用数据的行为，提升高校管理会计教师的职业操守。综上所述，提升高校管理会计教师数据挖掘能力有利于提升教学质量和效果、实践指导能力、领导力、创新能力以及职业操守等教师专业素养。

## 六、提升数据挖掘能力有利于促进高校教育高质量发展

当前，国家需要实现教育高质量发展以适应较大的教育体量，而要

实现教育的高质量发展，需满足两个要求：一是实现提质培优；二是实现特色发展。就某一角度而言，一个系统的专业教学标准体系至少应当包含课程标准、人才培养目标与方案以及专业能力标准。而这些专业教学标准体系服务于人才培养的提质培优。一方面，对接行业人才提质培优要求，需制定面向专业标准和岗位规范的系统化专业教学标准，而提升数据挖掘能力为系统化专业教学标准体系的制定创造了有利条件。具体分析如下：其一，数据挖掘能力有利于促进教学研究与实践的结合，数据挖掘技术在管理会计领域的应用研究日益重要，能够为实际问题的解决提供强有力支撑，提升数据挖掘能力可以帮助高校管理会计教师运用这些技术进行深入的教学研究；其二，在当今数字化时代，数据分析已经成为管理会计领域不可或缺的技能，提升管理会计教师的数据挖掘能力可以引导学生学习和运用数据分析能力以及提高解决实际问题的能力，这将促进学生更好地适应企业或组织对数据分析等岗位或职业的需求，提升就业竞争力；其三，通过运用数据挖掘技术，教师可以更好地调整教学内容和方法，提升教学质量。另一方面，企业是国民经济的细胞，是现代经济发展的重要支撑，是经济高质量发展的关键所在，实现教育的特色发展需要建立学校与企业的深层次联系，即深化产教融合。深化产教融合是党的十九大报告提出的，也是推动教育高质量发展的核心动力所在，而提升数据挖掘能力同样是深化产教融合的关键途径。具体分析如下：其一，数据挖掘能力能够帮助业界实时获取并分析市场、消费者、竞争对手等方面的信息，从而更好地了解市场走势和需求，有针对性地调整产品的研发及相关生产策略，提升竞争力；同时，通过分析教育领域的数据，如学生学习情况、教学效果、教学场景、企业真实经营情景等，使教育与产业需求更加契合。其二，产教融合能够使学校成为校企双元育人的主体，数据挖掘能力可以帮助教师与学生深度参与企业现代学徒制，可以使企业现代学徒制更加聚焦于个性化培训、需求导向技能培训、培训效果评估与改进、潜在人才挖掘以及跨界合作和知识共享等，使企业现代学徒制的规则与现实需求更加吻合、高效。综上所述，提升数据挖掘能力可以通过实现提质培优和特色化发展来促进高校教育高质量发展。

## 第三节　课程思政能力：响应教育政策，塑造职业品质

提升管理会计教师的课程思政能力不仅是响应国家教育政策的需要，还有助于培养学生的职业道德和素养，形成正确的价值观和人生观，做具有社会责任感的管理会计人才，为未来的职业生涯奠定坚实的思想基础。同时，也有助于为企业培养出更多具有社会责任感和全局观的管理会计师，推动企业的发展和社会进步。在当前的教育大背景下，提升管理会计教师的课程思政能力显得尤为关键。管理会计作为企业管理的重要组成部分，其教师不仅应当具备扎实的专业知识，还应当拥有深厚的思想政治素养，以便在传授专业知识的同时融入思政元素，为学生的全面发展提供有力支撑。

### 一、提升课程思政能力有助于响应国家教育政策

2016 年 12 月，全国高校思想政治工作会议召开，习近平总书记强调，要坚持把立德树人作为中心环节，把思想政治工作贯穿教育教学全过程，实现全程育人、全方位育人，努力开创我国高等教育事业发展新局面。国家教育部门强调，高等教育应该注重培养学生的思想道德素质、创新精神和实践能力。这意味着高校教师不仅要传授专业知识，还要在课堂教学中融入思政元素，引导学生树立正确的世界观、人生观和价值观。这意味着高校教师不仅要承担起传授专业知识的重任，还要在课堂教学中巧妙地融入思政元素，使学生在接受知识的同时，也能受到良好的思想政治教育。具体来说，高校教师在课堂教学中，应当注重挖掘教材中的思政资源，结合课程内容，引导学生深入思考社会现象、人生价值等问题。同时，还可以结合时事热点，通过案例分析、讨论交流等方式，引导学生形成正确的世界观、人生观和价值观。这样的教学方

式不仅能够激发学生的学习兴趣，提高他们的学习效果，还能够培养他们的批判性思维和创新精神，为他们未来的职业生涯和社会生活奠定坚实的基础。总之，全国高校思想政治工作会议的召开，为我们指明了高等教育的发展方向。高校教师应当积极响应国家的号召，将思政元素融入课堂教学中，努力培养出既有专业知识，又有良好思想道德素质、创新精神和实践能力的优秀人才，为我国的高等教育事业发展贡献自己的力量。

## 二、提升课程思政能力有助于发挥教师的思想引领作用

提升课程思政能力有助于营造师生共同成长的教育环境。在这种共同成长的教育环境中，教师作为学生的引路人，采用启发式的教学方法，给予学生充分的关注和支持，鼓励学生进行独立思考，帮助学生构建自身知识体系，学生不再被动地接受专业知识，而是积极参与到课堂讨论和学习活动中。培养学生批判性思维、创新性思维和系统性思维，以及思辨能力与判断能力，鼓励他们自由地表达观点和想法，与教师进行互动交流，产生思想碰撞，激发学生的学习兴趣和好奇心，促使学生在学术、思想和品德等方面得到全面发展，为迎接职业生涯中的挑战做好准备。同时，及时发现、解决学生的困惑和问题，通过个别辅导、小组讨论或者课后答疑等形式，为学生提供针对性的指导和支持。此外，随着课程思政的普及，高校培养出了一支具备专业理论知识和注重思想道德修养的高素质管理会计师资团队。教师在传授专业知识的同时也关注学生的综合素质发展，积极引导学生正确看待职业道德、社会责任等问题，树立正确的价值观，培养学生职业操守，塑造积极进取、勇于创新的品格，起到思想引领作用，促使学生成为胸怀社会责任、具备人文关怀的专业管理会计人才，关注社会问题，勇于担当，更好地适应社会发展需要，并为企业的可持续发展做出贡献。

## 三、提升课程思政能力有助于提高教学质量和效果

管理会计作为企业管理的重要组成部分，涉及企业的战略规划、决

策分析、成本控制等多个方面。在课堂教学中，教师需要引导学生理解管理会计在企业经营管理中的重要地位，培养学生的职业道德和社会责任感。通过提升课程思政能力，教师可以更好地将思政元素融入管理会计教学中，帮助学生更好地理解学科内涵和价值。此外，提升课程思政能力有助于提高教学质量和教学效果。在传统的管理会计教学中，教师往往只注重知识传授和技能培养，忽视了对学生思想道德素质的培养。这导致学生往往只掌握了知识技能，却缺乏必要的思想道德素质和社会责任感。通过提升课程思政能力，教师可以更好地引导学生思考问题、分析问题，培养学生的批判性思维和创新能力。管理会计在工作中需要与各个部门和各方利益相关者进行沟通和协调，需要具备较高的综合素质。思政教育可以培养学生批判性思维、解决问题的能力、团队协作精神等方面的软实力，提高学生综合素质，使其更好地适应未来的工作需求。

## 四、提升课程思政能力有助于培养具有职业道德、社会责任感的管理会计人才

随着社会经济的快速发展，企业对管理会计人才的需求越来越大，同时，企业也对管理会计人才的职业道德和社会责任感提出了更高的要求。管理会计教师在培养学生学习专业技能的同时，也要强调思想政治教育的必要性。管理会计作为企业决策的重要参与者，承担着为企业提供准确财务信息和决策建议的重要职责。通过提升课程思政能力，教师可以引导学生树立正确的价值观和职业操守，教师应补充国家政策、法律法规以及社会责任等方面的知识，培养具有社会责任感的管理会计人才。学生可以深入了解职业道德规范，明确自己在企业中的定位和责任，形成良好的职业操守和道德观念，确保在未来的工作中能够遵守职业道德，更好地为企业创造经济价值和社会价值。思政教育的融入能够引导学生树立正确的价值观和职业观，使他们深刻理解职业道德在管理会计领域的重要性。通过思政教育，学生能够增强社会责任感，明确自

己在企业和社会中的定位与使命，从而在工作中积极履行职业责任，维护企业利益和社会公正。这种综合性的培养方式，不仅使学生掌握了管理会计的专业知识和技能，更让他们具备了高尚的职业道德和强烈的社会责任感，成为能够为企业和社会做出贡献的优秀人才。因此，提升课程思政能力，对于培养具有职业道德和社会责任感的管理会计人才具有不可替代的作用。

## 第四节　商业实践能力：促进产教融合，破解供需矛盾

管理会计是一门以管理职能为基本要素的应用型学科，高校在培养相关人才时，应强化商业实践能力教育，以提升教师商业实践能力为主攻方向，通过教师教学方法的改进、知识经验的传授，进一步培养提升高校会计专业学生的商业实践能力，最高效率地满足用人单位乃至经济社会发展的需要。同时，高校应积极探索产教融合发展建设思路，拓宽高校管理会计教师和学生商业实践的渠道和途径，建立一套涉及教师与学生的商业实践教育培养体系。高校管理会计师资商业实践能力的建设，以技术变革、社会供需矛盾、社会需求变化等为主要驱动因素，能有效地促进高校、教师、学生的高质量发展，实现高校、教师、学生、社会等多方利益的有效协调。此外，管理会计职能的发挥能助力经济社会持续高效发展。总而言之，高校对管理会计人才商业实践能力的建设是时代之需，体现经济社会发展与技术变革对会计职业的新要求与会计服务行业的发展趋势。

### 一、提升商业实践能力有助于数字技术快速发展

当今经济社会的发展已离不开数字经济，数字经济正在重塑各行各业，由于会计的业务基础及自身的变革，其人才培养、职能变化等也在被数字技术调整重塑，会计的创新发展与数字技术实践运用的深化互相影响，这就意味着数字技术背景下，会计服务经济社会发展的能力提升

需要会计人才理论与实践同向发展。理论作为实践的归纳总结升华，能够指导实践业务高效开展，而实践的探索是理论发展的有效方式。面对数字技术推动下的经济社会发展，以教材为导向、理论知识的传授为核心的传统教学方式，无法适应高速变化的现实需求，商业实践能力建设应作为高校人才培养的重要内容。

### （一）产业数字化发展，催生会计人才建设新要求

随着大数据、人工智能、移动互联网、云计算、物联网、区块链等数字技术在各行各业的持续推广运用，数字技术作为要素资源重组、经济结构重塑、竞争格局改变的关键力量，正在引发社会、商业、产业、企业的深刻变革。数字经济与产业实体融合持续推进，数字经济正在推动实体经济的发展模式变革，大数据、云计算、物联网的应用，促使新技术、新业态、新模式推动传统产业生产、管理和营销模式变革。数字技术推动产业链升级和新兴产业（如智能制造、数字经济等）崛起，由此导致企业在战略决策、产品生产销售方式、客户管理、组织结构、职能设计、人才建设、商业模式等方面发生巨大转变。传统经济业务关系、企业经营产出形态、生产管理方式正在被新的形态代替，新业务场景的出现及快速更新，需要会计人员具备足够的敏锐度与学习力。在产业数字化转型过程中，新的业态模式也在不断出现，产业与企业发展的新业态对会计人才的创新精神、应用能力、适应能力、研究能力等提出新要求。

### （二）数字技术与财务创新融合发展，催生会计职能新业态

随着数字技术的创新发展，数字技术与财务职能创新融合发展已成为当前财会行业的一大发展趋势，上到国家层面的政策支持，下到企业的探索应用，都体现出数字化技术对推动财务职能创新突破起着重要的牵引作用。随着数字技术在财务领域的深入应用，财务人员需要转变职能，数字技术在企业的多维度渗入，意味着企业需要对应调整组织结构、岗位需求等。首先，一些传统财务岗位将被淘汰或替代。例如，数

字技术与会计行业的融合发展，提升了会计智能化水平，随着以现代信息技术为支撑的财务智能化的运用，以及会计标准化、流程化、规范化建设的持续提升和管理系统的升级等，大部分传统会计业务为机器和系统所取代。其次，数字技术的运用也会产生新的会计岗位。例如，当企业在财务职能中引入数字技术时，因技术的固有缺陷，企业会产生一批既具备扎实的财务基础，又能够解决财务数字化运用问题的复合型专业人才，来对数字技术运用过程实施监控、调整、改进等。因此，数字技术与财务职能融合，对于财务人员来说既是机遇也是挑战。一方面，繁杂事务从人工转向机器，财务人员可以从繁杂、重复性强的日常事务中解脱，而有更多机会从事更具价值的工作，如财务分析、数据挖掘、参与管理、决策支持等。另一方面，数字技术的引入，加剧了会计职业竞争。若数字技术产品持续渗入，扩大运用范围、降低运用成本，那么会计人员的传统技能将丧失竞争优势，就业空间进一步缩小。对于财务人员来说，在数字技术持续深入的不可逆转之势下，应该以积极的态度面对挑战，通过提高自身适应能力，来应对接连不断的技术冲击。

### （三）会计职能转变与高校教师商业实践能力建设的关系

数字技术推动传统产业转型升级，进而衍生出与传统业务场景不同且差别巨大的新业务形态，对会计职能提出新的要求，数字技术产品对会计职能的替代推动会计职能变革，是会计职能转变的契机，是管理会计得以发展的现实背景，是新时代对会计人才培养的新要求。若高校教学过程中以传统教材教学为主，缺乏或弱化最新商业实践场景的融合，将使学生囿于生涩的理论，学生学习过程机械，同时，学生毕业后也会对现实的业务场景感到陌生，走入职场后需要重新培养理论与业务融合技能，降低了其学习的效率和效果。因此，为适应新时代对会计人才的客观需求，高校在培养人才的过程中需融入实践能力建设，从而提升学生整体综合素质，提高学生的适应能力与竞争能力。在高校管理会计人才培养过程中，教师是一系列先进的教学理论和方法得以落实的重要主体，教师通过课堂教学、日常沟通等方式影响学生，在学生的素质提升中，教师发挥着重要的传导作用，这也意味着学生的商业实践能力水平很大一部分会受到教师能力的影响和限制，当高校教师既具备扎实的理论研究能力又拥有丰富的商业实践经验，学生也会通过日常的耳濡目染，潜移默化地提升自身的商业实践能力。因此，在技术快速发展变革的当下，高校应着力持续提升教师的商业实践能力，使教师教授的专业理论能够适应当前的经济情景，提高高校人才培养质量。

## 二、提升商业实践能力有助于推动业财融合发展

业财融合发展是当前财务领域的研究和实践热点，业财融合发展能够确保企业更好地应对复杂多变的市场环境，实现资源的最优配置和管理价值的最大化。这一模式的运用能够有效地提高效率、增强协调性、提升风险管理能力。因此，业财融合发展模式具有很强的现实运用意义。但是，值得注意的是，业财融合发展模式是否能够在企业中发挥真正的效用，受到企业管理会计人才能力和综合素质水平的制约。

业财融合发展模式是管理会计思维和工具方法在现实环境中的具体运用。作为会计体系的重要分支，管理会计贯穿企业战略、投融资、预算、绩效、成本、营运等各个流程，管理会计有效串联起了业务与财务的关系，管理会计职能的发挥水平影响着企业能否实现业务与财务的深度融合。在业财融合发展理念驱动下，企业对财务人员的需求发生深刻变化。财务团队所掌握的专业技能不再是对财务知识的认知能力。管理会计职能作用的发挥需要会计人员同时具备处理业务与财务的知识、技能，以规划、分析、报告为主要工作内容的管理会计要求会计人员应具备业务分析、数据筛选与分析、沟通协调、商业敏感性等能力，以提高管理会计的决策支持、业务服务、管理改善的核心作用。管理会计能否有效推动业财融合发展，最终的决定因素在于管理会计师的职业能力，管理会计师的职业能力又受其教育背景的影响。若管理会计师在校期间能够在理论和实践方面受到系统的、专业的训练，将大幅提升管理会计师在后续工作中解决问题的能力，从而有效推动业务与财务深度融合这

一管理方式的进一步发展，提高业财融合对企业发展的适应性。因此，高校在培养管理会计人才过程中，应强化学生商业实践能力建设，培养学生以业务为基础、管理会计工具为手段的职业判断、管理、沟通协调等能力，提升学生的核心竞争力。

## 三、提升商业实践能力有助于解决会计人才供需结构性矛盾

随着数智化时代的到来，现代信息技术对会计行业的渗透、影响正在重塑经济社会对会计职能的要求，智能机器人、云财务等基于数字技术的运用、发展以及财务共享建设等对会计职能结构体系的调整，使得传统会计职位正在减少，同时，与现代信息技术和新会计结构体系有关的新职位也在产生，在高等会计教育模式滞后的情况下，会出现传统模式培养的会计人员供给大于需求，而针对新应用、新职位的需求缺乏有效供给的情况，这就产生会计人才供需结构性矛盾。

高校在管理会计人才培养过程中要强化学生实践能力锻炼，加强多元化校企合作，制定并协同推进人才培养，以现实需求为导向，实施特色化培养模式，可以有效解决会计人才供需的结构性矛盾，按照企业的要求和需要制定培养标准。产教融合发展模式的有效运用能够协调各相关主体的利益需求。从企事业需求角度来看，可以有效缩短企业人才招聘后培训时间，降低人才适岗性培训成本。高校可以及时获取专业就业岗位需求信息，提高高校专业人才市场需求的敏感性，增强高校人才培养的应变性。从学生角度来看，实践锻炼机会的增加，对现实业务工作场景、工作业务流程、现实问题等的直接接触，可以有效提升学以致用的能力，提高学习效率，增强自身本领。因此，联合培养、强化合作，能有效增加高校人才供给与企业人才需求的匹配。

## 四、提升商业实践能力有助于发挥管理会计服务产业能力

### （一）校企合作方式可以有效突破中小企业管理会计人才缺失的困境

中小企业由于规模小、制度不完善、缺乏具有吸引力的薪资水平

等，往往难以获得高层次的会计人才，在缺乏高水平会计人员运用会计知识、工具参与企业管理时，企业主根据自身经验、知识所做出的决策主观性强，这将极大地增加企业在监管层面、市场层面、经营层面的风险，对于中小企业的可持续发展而言是一个重大的挑战。此外，中小企业在发展过程中往往会遇到需要依托高层次会计人才协助才能解决的问题，在缺乏对应人才的情况下，将会阻碍企业向前发展。高校作为会计人才的聚集地，有着高专业水平的教师及其他资源，也有不断成长的具备丰富理论功底的会计学生人才，这为解决中小企业问题提供了巨大的理论支撑。因此，完善高校与中小企业的合作，既能丰富高校的合作资源，也有利于促进中小企业的发展。

### （二）产教融合教育建设能有效促进产业专业化人才培养

随着经济社会发展及技术变革，财务职能的发挥仅依赖于会计专业知识与技能的现状不能满足企业对高水平财务人员的需求，业财融合发展不仅是对会计服务的新需求，也是会计行业发展的未来趋势。正如会计政策选择、会计估计等要求会计人员需要具备良好的职业判断能力，良好的职业判断能力也需要会计人员对产业、企业、具体业务等具备基本的了解与认识，因此，企业对以参与管理与决策支持为目标的管理会计的需求更加迫切。

当前，高校向企业输出的毕业生，缺乏对产业与企业的了解，如财务 BP 等需要具备业财综合素质的财务人员，其业务能力的提升仍主要依赖企业后期培养，这既需要时间成本，亦造成会计人才发展过程中理论与实践能力发展的脱节。因此，高校实施多元化的产教融合发展，在教学中让学生对产业发展与真实业务状况具备直观的感受，有利于为产业发展培养高水平的财务人员。

## 五、提升商业实践能力有助于培养教师教学能力

从管理会计应用属性和高校管理会计师资建设情况来看，在当前背景下高校要持续提升自身管理会计人才培养水平，实施管理会计教师商

业实践能力建设是促进教师能力提升的可行措施。首先，从管理会计具有高应用属性这一特征来看，管理会计职能的发挥需要依托一定的经济环境背景，在经济全球化的背景之下，外部环境的发展性及易变性预示着管理会计在服务经济社会发展过程中需要具备与时俱进的发展能力，管理会计人才需要持续更新相关知识、技能、经验等。同样，高校管理会计教师本身属于管理会计人才的重要组成部分，同时肩负着培养更多高水平管理会计人才的责任，从这一点来看，高校管理会计教师需要注重自身发展，持续提升自我能力。其次，在传统的招聘录用中，高等院校在引入管理会计教师时更注重教师的学历和科研能力，而对教师专业知识运用实践经验的考量相对薄弱，这就导致在教师能力构成中呈现教师的实践能力与理论素养失衡的状态。而在学生培养过程中，学生的专业素养、职业道德、思维方式等在很大程度上受任课教师的专业水平、实践能力、授课水平等综合能力的影响。

## 六、提升商业实践能力有助于培养会计人才创新思维

2019 年 3 月正式发布的《中国管理会计职业能力框架》指出，思维创新能力是管理会计能力构成要素之一。思维创新能力是管理会计作为高级会计人才所应具备的能力，在数智化时代，随着技术与会计职能的深度融合，基础的财务工作被机器替代，会计人员要在行业中生存和发展，需要具备机器所不具备的高级的思维创新能力。

从《中国管理会计职业能力框架》中对“思维创新能力”的定义和描述可以看出，思维创新能力不是轻而易举就可拥有的。它既需要精通管理会计理论知识，灵活熟练掌握运用管理会计方法工具，又需要基于企业现实情况进行分析判断，确保管理会计方法及工具能够高效地解决企业的现实问题，进而推动企业高质量、可持续发展。在这两项要求中，对于会计人员来说，管理会计理论的熟练掌握只是低层次的要求，更高层次的要求在于对商业环境的分析判断，这也是管理会计人员在激烈的竞争中能够脱颖而出所应具备的能力，而这种能力的培养需要依托

现实的商业环境。因此，高校在培养具有市场竞争力的管理会计人才时，应突出管理会计人才的商业实践能力，通过拓展校企合作方式，让管理会计人才置身于真实的商业环境中开展学习，使其在真实的商业环境中得到启发。会计人才在高校学习阶段获得有效的商业实践能力的建设和培养，是管理会计人才思维创新能力养成的基础条件。

## 第五节　课堂教学能力：推动教育改革，优化教学质量

高校管理会计教师的课堂教学能力不仅会影响学生对知识的理解和掌握，而且与其技能提升和品质形成有紧密联系。因此，新文科背景下，加大云南高校管理会计教师课堂教学能力培养力度十分必要。

### 一、提升课堂教学能力有助于推动教育教学改革

随着教育水平的快速发展以及教育观念的深刻变革，教师在课堂教学中面临科技、经济、文化等多个领域的挑战，教师必须不断更新教学方式和方法以适应此类变化。从培养角度来看，新文科强调培养学生批判性思维、问题解决能力以及良好的表达、沟通技巧，教师需要采取有效的教学策略以激发学生积极性，并帮助其形成独立思考和团队协作的能力以满足新教育理念对技能的要求。因此，高校管理会计教师有必要提升自身课堂教学能力，助推教育理念改革。此外，为了适应教育改革步伐，教师不仅需要深入理解新教育理念，还应当将其转换为切实可行的教学行动。新文科建设背景下，教学方式、工具多元化趋势凸显，如采取项目式学习、翻转课堂、协作学习等，通过在线教学平台增加课堂互动，利用多媒体工具丰富教学内容，或运用在线讨论平台与学生交流，均为提升教学效果的关键措施，这要求高校教师不断提升自身运用现代信息技术的能力，熟练掌握教育技术工具，培养扎实的课堂教学能力以确保在不断变化的教育领域保持领先地位。

## 二、提升课堂教学能力有助于优化教学质量

新文科建设背景下，高校课堂教学追求的是深度学习，而非表面的知识灌输。从知识维度来讲，教师不仅需要具备深厚的专业素养和独到的专业视角，还需要具备把握学科主干，发现学科间关联以帮助学生更好地建构知识体系的能力。因此，提升高校教师的课堂教学能力可以帮助其更加自信、从容地面对各种教学挑战，使教师能运用丰富灵活的教学方法引导学生主动参与课堂互动，创设生动活泼的教学情境，激发学生学习兴趣和积极性，有效提高教学质量。此外，优秀的课堂教学能力可以使教学过程更加顺畅，从而提高教学效果，促进知识的有效传递，提高学生的学习效率和质量。

## 三、提升课堂教学能力有助于增强教师职业素养

课堂教学能力的提升过程也是教师职业素养不断提升的过程。在这一过程中，教师需要不断学习新知识、掌握新技能，更新教学理念和方法，这不仅能够提高教师的教学能力，还能够促进教师的个人成长和发展，提升其职业素养。由于新文科建设对云南高校管理会计教师能力的要求更为全面，除知识技能外，价值观的塑造、品格的形成、团队协作能力的提升等综合素质也越发重要。教师在教书育人的过程中，应当树立良好的品质榜样，引导学生形成正确的道德观和人生观。这就需要教师具备良好的职业素养，并运用恰当的教育方式对学生进行引导，因此，课堂教学能力建设过程也有助于教师提高自身职业素养，准确把握教育目标，全方位、有针对性地提高学生综合素质，更好地履行教书育人的职责，为培养优秀人才贡献自己的力量。

## 四、提升课堂教学能力有助于满足学生个性化需求

每个学生都有其独特的学习方式和特点，教师需要具备扎实的专业知识和灵活的教学技巧，以创设符合学生学习特点的教学情境，满足学

生个性化需求。同时，教师需要具备精准诊断学生需求、学习特点的能力，充分了解每个学生的兴趣爱好、知识水平、学习方式及学习诉求，在此基础上运用包容性的教育理念，设计差异化的教学计划和策略，调整教学内容和方法，为不同学生提供定制化的教学支持，确保课堂活动满足学生需求。例如，采用多元化教学材料，满足不同背景的学生对语言的需求；使用文字、视觉艺术、音频和互动技术等多样教学媒介，满足不同学生对学习工具的偏好。此外，利用数据驱动的决策来满足学生的个性化需求也越来越受到重视。通过收集和分析学生的表现数据，教师可以更及时、准确地进行调整和干预。总而言之，为了满足学生个性化需求，教师需要不断发展课堂教学能力的专业性与灵活性。

## 第六节　学术研究能力：推动学科进步，助力企业发展

随着经济快速发展和市场竞争加剧，管理会计在企业管理中的地位和作用越来越突出。高校管理会计教师作为教育的主体，提升其学术研究能力对适应经济发展和市场需求、提高教学质量和效果、培养优秀管理会计人才以及推动整个学科发展都具有重要的意义。因此，管理会计教师应当不断提升自身学术研究能力，提高学术素养和研究水平，为培养优秀的管理会计人才和推动学科的发展做出更大的贡献。

### 一、提升学术研究能力有助于推动学科发展

管理会计教师提升学术研究能力不仅有助于提高教学质量和培养优秀人才，还能够推动会计学科发展。在当今快速发展的经济环境中，管理会计作为企业管理的重要组成部分，其理论与实践的不断创新是推动学科进步的核心动力，而学术研究能力的提升正是实现这一创新过程的关键环节。首先，学术研究能力的提升有助于深化对管理会计理论的理解。通过采用严谨的研究方法和深入的分析，教师能够更准确地揭示管理会计的内在规律，进一步丰富和完善管理会计理论体系。这种理论上

的深化不仅为实践提供了更为坚实的支撑，也为学科的长远发展奠定了基石。其次，学术研究能力的提升能够促进管理会计实践的创新。学术研究不仅关注理论层面，更着眼于实际应用。教师作为教育教学的中坚力量，其学术研究水平直接关系学科的进步、发展和实践的创新。具备较强学术研究能力的教师能够为学科发展提供持续的动力，他们通过深入研究管理会计前沿问题，不断探索新的管理会计工具和方法，结合企业实际运营情况，为企业提供更加科学、高效的管理会计解决方案，推动理论和实践的创新，为学科发展注入新的活力，推动整个行业的进步。同时，教师的学术研究成果也可以作为教学资源以及学术平台交流案例，促进学术交流和合作。最后，学术研究能力的增强还有助于提升会计学科在国际上的影响力。高质量的学术研究成果能够被国际学术界认可，进而吸引更多的学者和资源投入管理会计的研究中，形成良性循环，推动学科的持续发展。总而言之，学术研究能力的提升是推动会计学科发展的关键所在，它不仅能够深化理论理解，促进实践创新，还能提升学科的国际影响力。因此，我们应该高度重视学术研究能力的培养，为会计学科的繁荣发展贡献力量。

## 二、提升学术研究能力有助于提高教学质量

管理会计教师的学术研究能力间接影响教学质量和效果，对培养优秀的管理会计人才具有至关重要的作用。优秀的管理会计人才不仅需要掌握扎实的专业知识和技能，还需要具备创新思维、问题解决能力和战略眼光。教师通过学术研究，一方面，能够更好地把握学科的发展趋势，将最新的研究成果融入教学中，帮助学生了解最新专业理论与实践；另一方面，可以更好地理解学科的核心问题，迎接专业困难与挑战，在教学过程中引导学生进行深入的思考和实践。此外，学术研究能力也是教师进行教学创新的基础。教师可以通过研究，探索新的教学方法和手段，提高学生的学习兴趣和参与度，从而提升教学效果。

## 三、提升学术研究能力有助于推动企业发展

随着经济的全球化和信息化发展，企业管理面临越来越多的机遇和挑战。管理会计学术研究对企业的发展具有至关重要的作用，它不仅有助于提升企业的管理水平，还能为企业决策提供科学依据，从而促进企业的经济增长。管理会计教师通过学术研究深入探讨理论知识和实践应用，将学术研究成果应用于企业实践，如师生进行企业实操案例研究、同校外实训导师和企业分享经验、设计实践驱动的课程、组织企业培训并建立反馈机制进行持续改进等，形成闭环式的学术实践互动，在实践中不断巩固理论知识、培养实训技能，提升管理会计师资的实战能力和适应能力，更好地满足人才市场需求，提高就业竞争力，同时，帮助企业管理者提高管理效率、优化资源配置、降低成本，提升企业内部控制水平。企业可以根据这些研究成果调整管理策略，不断完善自身内部控制体系，降低经营风险，提升自身核心竞争力，实现更好的经济效益。因此，为了适应经济发展和市场需求，管理会计高校教师必须不断提升自身学术研究能力，深耕专业领域，跟踪学科前沿动态，掌握最新的管理会计理论和实践成果，更好地理解学科内涵，提高教学质量，培养具备创新能力和实践经验的管理会计人才。同时，也为企业提供最新的理论指导和实践经验，帮助企业解决在发展过程中遇到的实际问题。教师可以依据研究成果调整自身战略发展方向，反方向验证学术研究成果与实务操作的相符性，进而推动理论的进步与完善。

## 四、提升学术研究能力有助于专业等级认证

学术研究能力建设可以为高校管理会计师资提供专业认证支持，增强师生在管理会计领域的竞争力和信誉度。首先，学术研究能力建设有助于师生掌握管理会计专业理论知识，为师生提供必要的培训（考试内容、解题技巧和备考方法等）和资源支持，助力师生通过相关专业等级认证考试。其次，学术能力建设有助于促进高校与认证机构的合作

与交流。认证机构可以为高校提供认证考试相关信息，如考试大纲、教材等资源，也可以为高校提供认证培训课程和讲座，帮助师生更好地了解专业等级认证相关要求及标准。

## 五、提升学生研究能力有助于培养学生的社会责任感

高校要将学术研究与人文关怀相结合，进一步推动学术研究与管理会计实践的融合，以关注企业的社会责任和可持续发展能力。管理会计教师要在教育教学过程中引导学生深入研究管理会计领域相关理论知识与实践操作，并从人文关怀的角度探索如何将管理会计应用与社会责任有机结合，思考管理会计学术研究的价值，审视企业的决策和行为，探索如何兼顾经济效益、环境保护和社会公正等多方面，促进企业的可持续发展。这种学术研究与人文关怀的融合不仅可以拓宽学生的思维视野，还能够培养他们对学术研究的热情和对社会问题的关注。学生将逐渐意识到管理会计不仅是一门专业知识，而且是与社会伦理、公平正义和可持续发展等人文关怀息息相关的领域。管理会计的后续研究方向将更加侧重解决现实问题，承担社会责任，为企业与社会的和谐发展做出积极贡献。同时，这种学术研究与人文关怀的融合也将促进管理会计学科的发展，为管理会计领域提供新的理论视角和研究方法，推动学科的创新和进步。

# 第五章

# 新文科背景下云南高校管理会计教师能力建设实施路径分析

## 第一节　专业精深能力：储备专业知识，增强实践能力

随着教育改革的深入，云南省高校会计教学质量也在不断提高。然而较国内先进水平仍存在一定的差距。管理会计作为高等教育的重要组成部分，其教师队伍的素质与能力直接影响毕业生的质量与专业未来发展。尤其是在新文科建设背景下，我们更需要一支专业精深的管理会计师资队伍。这不仅为云南省会计教育质量提升创造良好条件，还将更好地服务于国家社会经济建设。新文科建设背景下，云南省高校管理会计师资专业精深能力建设可以从以下四个方面进行探索。

### 一、培养管理者思维

#### （一）培养创新思维

随着经济环境变化和科学技术进步，会计行业面临的问题和挑战也不断变化。如果教师的教学理念和方法仅停留在传统上，则无法有效应对新的问题和挑战。因此，管理会计教师需要培养自身创新思维，即开放的思想态度，要勇于挑战传统观念，善于发现和创造新的理论和解决方案。培养创新思维需要具备丰富的理论知识、实践经验，以及积极的学习态度和求知欲望。管理会计教师要定期更新学习内容，与时俱进，适应快速变化的行业趋势和学科发展动态，以确保教学内容与研究焦点始终聚焦于前沿领域。

#### （二）开拓国际视野

在专业精深能力的培养中，国际视野成为越来越重要的一环。全球

化时代，企业不仅要面对本地市场，还要面对跨国运营所带来的机遇和挑战。因此，管理会计教师必须开拓自身全球视野，理解并教授学生如何在复杂多变的环境中做出最佳的财务、经营决策。管理会计教师需要关注全球经济和商业发展趋势，理解不同国家和地区的经济制度、税收政策、商业习惯和文化差异等，同时要熟悉国际会计准则和全球性的金融监管规定，以便在教学中引入与跨国公司会计和财务管理相关的案例。

### （三）塑造专业伦理观

在管理会计师资能力建设中，专业伦理和素质是至关重要的。教师的伦理素养不仅直接影响其教学质量和科研活动，还与学生价值观和行为方式的塑造密切相关，遵守教学伦理是每一位教师的基本职责。专业伦理观规定了教师在教学和科研过程中应遵循的道德规范和行为准则。例如，要尊重每个学生的权益，公平公正地对待所有学生，不断提升自身的教学技巧和知识水平，有效利用时间和资源，积极参与社区及学术交流，维护学术诚信，禁止任何形式的抄袭和学术不端行为等。专业素质包括教师的专业精神和敬业情怀。教师需要时刻保持对教育事业的热爱和探求知识的热情，要具有高度的责任感和使命感。教师要关心和理解学生，致力于提高学生的学习成就和促成学生全面发展，尽其所能为学生提供优质的教育服务。

## 二、储备专业知识

新文科建设背景下的管理会计教育首先要求教师必须具备扎实的专业知识储备，这是其准确解读和教授管理会计理论的基础。管理会计是一门综合性、实践性较强的专业，因此教师应当储备丰富的管理会计基础理论知识，能准确、深入地解析管理会计的理论知识，并能够将理论知识与实际工作结合起来，帮助学生理解和掌握管理会计的基本理念和方法。此外，教师还应该注重专业理论知识的更新，关注最新的前沿动态，保持自身知识的领先性。

## 三、增强实务操作能力

实务操作能力也是教师必须提高的专业精深能力之一。管理会计教师应达到“知之者不如好之者，好之者不如乐之者”的境界，对自己的专业领域有深入的了解和认识，可以运用专业知识熟练解决实际问题。因此，教师需要具备熟练的案例分析和实务操作能力，能够通过真实的案例，让学生更好地理解和掌握管理会计理论。除了教学案例，教师还应当积累丰富的实践经验，这样才能从实际出发，帮助学生增强解决问题的能力。

## 四、提高跨学科融合教学能力

### （一）培养跨学科交叉能力

管理会计教师的跨学科交叉能力对于其教育教学和科学研究工作至关重要。由于管理会计并非孤立存在，而是与诸多领域紧密关联的，因此对于管理会计教师来说，不仅需要掌握自身专业领域的知识，还应当理解并运用其他学科知识，如经济学、数据分析、心理学、社会学、信息技术等的理论和方法。具备跨学科交叉能力的管理会计教师才能够更深入地理解企业的运营环境及影响因素，从而提出更全面、准确的管理决策建议。例如，可以结合经济学理论分析市场情况，利用心理学知识理解员工行为，运用社会学观点考虑企业的社会责任，借助信息技术工具实现数据分析等。此外，拥有跨学科交叉能力的管理会计教师在开展教学研究时能够开阔研究视野，创新研究思路，更可能在不同学科的交叉点找到新的研究方法，从而推动学科的发展和进步。因此，管理会计教师应当重视跨学科交叉能力的培养，通过多学科学习、实践和研究，逐步提升自身的跨学科交叉能力。

### （二）提高教学研究能力

管理会计教师的教学研究能力是保证高质量教育教学的关键。这不仅包括基本的教学设计和课堂教学技巧，还包括科研成果的转化和教学改革研究。将科研成果转化为教学内容是管理会计教师不可或缺的能力。他们需要关注最新的会计理论和实践，通过科研活动深入理解理论知识，并将这些知识整合到课程中。而这种整合不仅需要深厚的学术素养，还需要对教学方法和学生学习特点的理解，这样才能够做到以易于接受的方式将复杂的科研成果传授给学生。此外，管理会计教师还需要有教学改革研究的能力。随着技术的发展和学生需求的变化，传统的教学方式已无法满足现代教育的要求，因此需要探索新的教学方式和工具，如在线教育、混合学习等，以适应时代的需求。同时，还需要通过开展教学改革研究，验证新教学方式的有效性，并在实践中不断完善新教学方式。

## 第二节　数据挖掘能力：创造培养环境，掌握技术工具

结合新时代对管理会计人才数据挖掘能力的要求以及云南高校数据挖掘能力建设状况来看，云南高校的管理会计数据挖掘能力建设水平与现实需求仍存在差距。结合调查结果分析，云南高校迫切需要从以下三个方面完善管理会计人才数据挖掘能力建设体系。

### 一、创造数据挖掘能力培养环境

成熟的培养环境是促进教师数据挖掘能力提升的必要条件，而形成成熟的环境必然要求国家、高校重视数据应用。早在 2012 年美国就启动了“大数据研究与开发计划”，并争取到以国家科学基金会为首的联邦部门投资。自 2016 年起，国内诸多高校开设了“数据科学与大数据技术”专业，投入时间、精力至教育领域数据研发与使用。2017 年，工业和信息化部正式发布《大数据产业发展规划》，表明国家越来越重视数据教育。2021 年，国务院印发的《“十四五”数字经济发展规划》为我国数字经济发展擘画了发展蓝图。2024 年，财政部印发《关于加

强数据资产管理的指导意见》的通知，表明数据作为一种生产要素已经渗透到企业经营管理活动之中，相应地，在实践导向下的管理会计教育也应开出“数据要素之花”。由此可以看出，我国由上至下各系统对数据要素管理的意涵逐步加深，而在此环境下，数据挖掘能力起着举足轻重的作用，特别是对于高校而言，教师与学生数据挖掘能力的培养是关乎国计民生的大事，高校应将教师和学生数据挖掘能力的培养放在关键位置。针对国内数据挖掘能力培养现状，云南高校要充分借鉴国内外管理会计师资能力培养成功经验，从以下四个方面着手培养教师数据挖掘能力。

### （一）完善教师聘任考核机制

2020 年，中共中央、国务院印发《深化新时代教育评价改革总体方案》，致力于破除“唯论文、唯帽子、唯职称、唯学历、唯奖项”的“五唯”思想，提出以教育评价为导向的师资队伍建设新要求。一是须完善教师聘任机制，把关准入条件，提高聘任过程中的公正与可信度，确保教师选拔和聘任质量，提高教师队伍整体水平。二是构建能力认证体系，制定明确的教师能力认证标准和指标，并且使其具有量化和可衡量性，严格把关高校教师资格证发放要求，尝试将数据知识纳入从业资格考核，促进试讲筛选发挥功效。例如，美国阿肯色州地区将数据挖掘、应用能力作为教师选聘标准，并将其纳入教师专业技能认证标准。三是促进评测机制多元化，将教学质量、科研成果、师风师德等纳入评价体系，注重数据意识态度（包括数据关注度、数据价值意识、数据使用意识等）、数据理论知识（包括数据工具知识、数据使用知识等）、实践操作技能（包括数据采集技能、数据分析技能、数据处理技能、数据应用技能、数据决策技能等）、数据思维（包括数据问题思维、数据量化思维、数据驱动思维、数据创新思维等）同步考察，充分发挥测评的诊断、导向与激励功能，推动师资数据能力提升。四是定期评估与改进，高校应定期对聘任机制进行评估和改进，及时调整认证标准和流程，以适应教育发展和教师需求的变化。此外，构建与完善教师聘任考核机制需要多元力量的参与，包括教育行政部门、教学教育专家、学校管理者和教师代表等，以实现教师能力认证的科学性、公平性和有效性，从源头上确保管理会计师资队伍的数据挖掘能力建设。

### （二）加大立法支持与社会关注度

教师数据挖掘能力建设不可仅依靠国家教育主管部门以及高校自身力量，还需要加大国家有关机构以及社会的关注度。例如，由国家教育主管机构与高校共同商定培养方案、培养计划，同时辅以社会其他各方力量进行适度补充，综合推动数据挖掘能力提升。立法机关可以通过立法的形式，强化顶层制度建设，制定相关的法规和政策，明确支持和鼓励教师进行数据挖掘和数据分析工作，这些法规包括对教师数据挖掘能力培训的支持、数据隐私保护的规定、数据共享和合作机制等。政府也可以组织相关专家和学者，制定教师数据挖掘能力的行业标准和评估体系，以便对教师的数据挖掘能力进行评估与认证，同时建立相关的奖励机制，鼓励教师在数据挖掘领域的研究和实践，从而提高社会对教师数据挖掘能力的关注度。此外，还可以通过立法明确当下数据挖掘能力的重要性，提升社会各界关注度，引导和鼓励更多力量增加对数据挖掘领域相关经费投入，从而引导高校教师积极主动培养学生数据思维，提高学生实践和理论应用能力，实现从源头到实施、从教师到教育管理者的系统运作，促进教师数据挖掘能力的提升，推动教育领域数据化发展。

### （三）建立数据共享支持保障机制

构建数据应用校园环境，选取典型案例进行数据教学能力专题研讨，制定数据采集、应用、管理专门制度，借鉴相关经验，针对行政、教学岗位教师分别制定数据挖掘相关共享政策、能力标准、安全保障。在相关数据共享政策方面，明确规定哪些教育数据可以被共享，以及共享的条件和程序，同时明确数据共享的法律责任和法律保护，对违反数据共享规定的行为进行惩罚和制裁；在数据挖掘能力标准方面，厘清数据共享的标准和规范，包括数据格式、数据标准、数据交换协议等，以便不同机构之间的数据可以相互共享；在数据安全保障方面，建立数据共享的安全保障机制，包括数据加密、访问控制、数据审计等措施，以确保共享的数据不会被检测或泄露。此外，基于数据安全前提，充分利用高校图书馆等数据资源平台，开放共享数据资源，有效提高资源利用效率。

### （四）依托教育供给侧结构性改革保障数据挖掘领域经费投入

当前，教育需求是多元化的，特别是多元化主体对教育产品以及服务内容呈现差异化诉求。然而教育供给总是有限的，难以满足各类主体日益增长的现实需求。就整个国家的教育而言，其规模是庞大的，经费需求量也非常大。而经费投入必然要以遵循社会导向性发展、结构联动性优化以及质量显著性提高三个原则。数据挖掘能力的提升与经费投入的三原则相契合，因此，要依托教育供给侧结构性改革，为增加在数据挖掘领域经费投入提供保障。政府相关部门通过改革教育体制和机制，优化教育资源的配置，确保教育经费能够更加有效地投入教育教学实践中，如可以通过精简行政机构来增加真正用于教育教学的资金。高校有关部门可以制定数据挖掘相关专项教育经费，这些经费可用于相关项目申请、科研设备购置、人才引进等方面，具有目标导向性地使用教育经费，提高教育资源使用效率，避免经费浪费的同时提高管理会计师资队伍的数据挖掘能力。此外，高校相关部门可以通过建立教育资源共享平台，缓解教育资源区域结构性矛盾，促进教师数据挖掘领域的经验和资源共享，通过共享，降低相关研究成本，在降低经费承担压力的同时推动更多教师参与到数据挖掘领域中，从而提升数据挖掘能力。政府和高校可以实行联动机制，通过双方力量建立健全与数据挖掘领域相关的教育经费使用机制，对教育单位和个人在教育经费使用上进行激励和约束，确保经费能够更科学、更合理地使用在教学、科研和人才培养等方面。

## 二、掌握数据挖掘理论知识与技术工具

### （一）培养数据挖掘思维和理念

对于人文社科专业教师而言，数据使用频率低，数据挖掘能力相对较弱，数据获取存在一定难度也导致畏难心理产生，因此有必要根据学科特点差异化制定教师数据挖掘能力提升策略，并积极引导教师树立正确的数据挖掘理念，转变教育观念，制定数据化教学目标。首先，需要培养教师敏锐力，数据多杂乱无源，只有提高观察能力才能及时从海量、繁杂的数据中挖掘、提取有效信息并进行分析、应用。其次，高校管理会计教师要转变数据观念，认识到当前新文科建设背景下掌握诸如问卷调查类数据获取工具，Excel、SPSS 类数据处理工具的重要性，并熟悉其适用范围。再次，寓观念于学习和实践，并将培养数据挖掘思维和理念贯穿于教育活动与培训中，向学生介绍与数据挖掘相关的基础性概念、方法和应用，组织学生参与数据挖掘的实践项目，让他们亲自动手处理真实的数据，从中学习数据挖掘的方法和技巧，为培养管理会计教师数据挖掘思维和理念做好人才储备。最后，在高校设立相应的与数据挖掘能力相适应的激励制度，鼓励管理会计教师在教学和研究中运用数据挖掘技术，如设立数据挖掘教学奖励、科研项目资助等，激发教师对数据挖掘的兴趣和热情。

### （二）优化数据挖掘能力培养模式

高校应当合理利用数据资源，将数据挖掘能力纳入师资培养体系，在专业知识外强化数据理论知识、数据应用能力培养，增设数据分析、处理、研判相关课程，使得教师数据挖掘能力契合岗位需求。职前教育是提升教师能力的重要途径之一，在新文科建设背景下，高校应当将数据挖掘能力作为教师选聘的重要标准，加大数据挖掘、应用能力检测与考核力度，严格把控人才引进关口，并将数据挖掘能力培养作为职前教育的重要环节，培养数据挖掘理念，有效提升教师、数据收集、分析、

研判与应用能力。在职教师也需要进行定期培训，结合数据应用需求，利用网络培育、校本培训等多元化模式，鼓励教师参加国家级、省级培训活动，通过规范教育、示范教育、引导教育有效提升教师数据挖掘能力。由于在职教师具备一定的数据知识及教学、科研能力，其培养重点在于如何将数据挖掘能力与日常教学、科研工作相结合，形成良好的数据应用思维，针对这一前提，可以优先识别教研需求，了解教研存在的问题和现实诉求，以确定数据挖掘能力在教研过程中的应用场景，如学生的学习状况数据分析、课程评估和教学方法优化，再通过集中研讨、系统培训及时有效为教师答疑解惑。可采取分段培训方式，从数据理论初级培训至数据采集、分析、处理中级培训至数据应用高级培训，层层递进。此外，可以借鉴其他高校成功经验，不定期聘请数据专家进行短期培训指导，通过专业学习培养教师数据挖掘能力。另外，在具备相关条件的情况下，基于数据挖掘，教研工作者可以建立数据驱动模型，用于预测学生学习成绩和分析教学效果等，为教学改进、课程设计和学生指导等提供有力的决策支持，并不断优化和完善数据挖掘的应用流程。

### （三）建立“非线性”培养模式，构建数据挖掘“网状”新结构

在数字经济时代，培养复合型管理创新人才，要将数据驱动管理、决策嵌入师资培养的模式，即建立“非线性”路径机制优化和完善师资培养模式。一般而言，管理会计教师在学生时期的知识增长是线性的（公共课、基础课以及专业基础课、专业课的次序进行培养，具有难度的综合实践课排在最后），其逻辑较为简单，因此，在这种培养模式下，教师往往缺乏实践与项目经验，缺乏跨学科知识整合能力，缺乏创新思维和解决问题能力，难以解决较为复杂的问题。在这种情况下，有必要构建和培养与数据挖掘能力相关的“网状”新结构。这种与数据挖掘能力相关的“非线性”培养模式更加强调开放性、综合性和实践性，要求以数据挖掘为媒介综合分析运用各种知识，形成“网状”知识结构。要建立与数据挖掘相关的“网状”知识结构，首先要梳理基础知识，通过数据挖掘相关技术和工具对相关知识进行融会贯通、综合

应用，削减不合时宜、轻松易懂的知识，为新知识腾出空间；深入挖掘相关学科知识背后的原理和方法，借助数据挖掘将新方法、新工具融入现有的知识体系，并实时关注领域内最新进展和研究成果，不断完善和丰富知识结构，构建起“非线性”的知识结构；管理会计教师在这一过程中也应不断地进行反思与总结，发现并解决问题，不断完善自己的“网状”知识结构。

## 三、加强数据挖掘与教学活动的联系

### （一）灵活借助教学环节强化教师数据挖掘能力

教学实践是促进数据挖掘能力培养的重要路径之一，高校可以依托数据挖掘能力收集、整合、分析学生行为数据，进而有针对性地利用数据分析结果支撑教学决策、调整教学计划、革新教学模式。在此过程中，教师通过教学环节不断强化数据感知能力，提升数据挖掘、数据分析、数据决策等能力。高校应当尽可能促进课堂教学内容多元化，以此同步拓宽教师数据知识广度、挖掘教师数据知识深度；此外，组织教师参与优质课竞赛和数字化转型主题教学观摩活动，通过教学研讨、教学观摩、集中评议等多元化手段精准进行教学演练，在实践中提升数据应用能力。当然，亦可为管理会计教师设计关于数据挖掘的教学案例，在教学过程中利用现实的数据分析和数据驱动解决问题，并利用教学反馈进一步优化与数据相关的教学案例，在完整的教学过程中，建立专门的技术支持团队，为教师提供数据挖掘技术方面的咨询和调试支持，帮助管理会计教师更好地应用数据挖掘技术。

### （二）促进管理会计学科与数据挖掘能力的融合

实物经济与知识经济代表了两种不同的经济发展模式和特征。实物经济是指以生产和流通实物产品（如农产品、工业品、商品等）为主要内容的经济形态。而知识经济是指以知识和信息为主要生产要素和经济增长的主要动力的经济形态。随着现代社会的发展，经济逐渐由依赖于实物经济向依赖于知识经济转变，在这一状况的引导下，生产方式的源头逐渐由单一的学科研究向问题导向型、交叉融合型学科发展。在数字经济时代，数字化技术的“溢出”弥散到政府、企业、学校。在此背景下，高校应当抓住数智化机遇，下好学术界的“先手棋”，利用数据挖掘技术促进其与管理会计学科的融合，使其中的“真理性”学科知识，向以应用为导向的“真理”转变。

要促进管理会计学科与数据挖掘能力的融合，需要做到以下四点：一是学校和教育机构可以更新管理会计学科的教育课程，加入数据挖掘相关的内容，如数据分析方法、数据挖掘技术和工具的应用等，以培养学生的数据分析能力；二是学校可以邀请行业专家来讲授关于数据在管理会计领域的应用，或者引入真实的企业案例，让教师和学生通过这些案例了解数据挖掘在管理会计中的应用；三是学校可以建立管理会计与数据挖掘的实验室或研究中心，用于教学和科研，为学生和教师提供一个实践和探索的平台；四是提供跨学科的课程，将管理会计学科与数据挖掘、统计学等学科相结合，让学生在实践中学习如何运用数据来支持管理决策。

## 第三节　课程思政能力：完善评价体系，更新教育理念

在高等教育中，课程思政能力的培养已成为教师职业发展的重要课题。这不仅关系学生的全面成长，更是高等教育落实立德树人根本任务的关键。总而言之，高校管理会计教师提升课程思政能力是一项长期而艰巨的任务。需要教师在评价体系、教育理念、教学资源、教学内容、教学方法等多个方面进行全面改革和创新，将思政教育与专业教育有机结合，形成协同效应。只有这样才能更好地培养出既具备专业知识又具有良好思政素养的优秀人才，才能为社会的发展和进步做出更大的贡献。

## 一、完善评价体系，促进思政育人落地

高校管理会计课程评价体系也要进行完善，以促进思政育人的落地实施。首先，可以将思政育人目标纳入课程评价体系中，设置相应的评价指标和评价标准，对学生在课程学习中的思政表现进行客观评价。其次，要注重过程评价与结果评价相结合，关注学生在学习过程中的表现和发展，给予及时的反馈和指导。最后，引入第三方评价机构或行业专家参与课程评价，以提高评价的客观性和准确性。高校管理会计教师要提升课程思政能力，需要不断加强学习和培训。一是通过参加相关的学术研讨会、教育培训班等活动，了解最新的教育理念和教学方法，学习其他优秀教师的经验和做法。二是阅读相关的著作和文章，拓宽自己的视野，增强自己的专业素养和思政育人能力。三是关注国家政策走向和社会发展动态，及时了解国内外管理会计领域的最新发展趋势，将最新的知识和理念融入课程教学中。

## 二、更新教育理念，强化课程思政意识

高校管理会计教师首先要从思想上认识到课程思政的重要性，将思政教育与专业教育有机结合，形成“全员育人、全过程育人、全方位育人”的教育格局。要转变传统的以知识传授为主的教育理念，树立以学生为中心、以能力培养为核心的教育理念，注重培养学生的综合素质和社会责任感。同时，要深入理解管理会计课程中的思政元素，挖掘课程中的思政资源，将思政教育与管理会计专业知识传授、能力培养和技能提升紧密结合起来，形成协同效应。

## 三、拓宽教材和资源，鼓励批判思维

教师可以积极寻找并引入具有思政意义和价值的经典文献、优秀教育资源、相关研究成果等，丰富教材内容，激发学生对伦理问题的兴趣与思考。引入这些资源不仅能开拓学生的视野，使其了解不同时代和文

化背景下的伦理问题，还能引发学生对伦理问题的深入思考。在学习的过程中鼓励学生提出不同观点，并引导他们进行批判性思考，培养学生独立思考和分析问题的能力。通过这种综合的教学方法，教师可以有效地培养学生的思政能力，使他们在伦理问题上具备深度思考和正确判断的能力，为未来的职业生涯做好准备。这种教学方法不仅可以在课堂上培养学生独立思考的能力和批判性思维，也可以潜移默化引导学生树立正确的职业道德观念和社会责任感。通过与经典文献和研究成果的互动，学生将逐渐形成辩证、全面的价值观，其在未来的职业发展中能够更好地应对伦理挑战和复杂情境，并以更加积极的态度参与社会实践，为社会的进步和发展贡献自己的智慧和力量。

## 四、优化教学内容，融入思政育人元素

高校管理会计教师在设计教学内容时，要充分考虑思政育人目标，将思政元素融入课程教学中。高校管理会计教师可以通过以下三个方面来优化教学内容：一是结合管理会计实践案例，分析企业在财务管理中遇到的道德风险和伦理问题，引导学生思考如何正确处理这些问题，培养学生的道德判断能力和职业道德素养；二是引入管理会计前沿理论和发展动态，让学生了解管理会计在社会发展中的作用和价值，增强学生的社会责任感和使命感；三是将国家政策法规、社会热点问题等融入教学内容中，引导学生关注国家大事、关注社会发展，培养学生的爱国情怀和社会责任感。

## 五、创新教学方法，提升思政育人效果

高校管理会计教师在教学方法上也要进行创新，以提升思政育人效果。可以采用以下四种教学方法：一是问题导向教学法，通过提出具有启发性和思考性的问题，引导学生主动思考和探索，培养学生的批判性思维和创新能力；二是案例教学法，通过分析真实的管理会计案例，让学生了解企业在财务管理中遇到的实际问题和挑战，培养学生的问题解

决能力和实践能力；三是情境模拟教学法，通过模拟真实的管理会计情境，让学生在实践中学习和运用管理会计知识，培养学生的团队协作能力和沟通能力；四是互动式教学法，通过课堂讨论、小组合作等方式，加强师生之间的互动交流，营造积极向上的课堂氛围，激发学生的学习兴趣和主动性。

### 六、增加定期教研与专业培训，建立课外讨论平台

教师在教育教学工作中可以通过积极参加定期的教研活动和专业培训来不断提升自身的专业素养和思政能力。通过深入研究思政教育理论和方法，教师可以更好地指导学生，引导他们树立正确的世界观、人生观和价值观。除了参加教研活动和专业培训，教师还应当抓住机会，及时了解最新的教学技术和教育资源，不断更新自己的教学内容和方法，使教学内容与时俱进，保持与学生之间的知识更新共鸣。将教学与实践相结合，可以更好地激发学生的学习兴趣，提高学习效果。教师还应为学生提供额外的课外讨论平台，鼓励学生积极参与讨论小组，共同探讨与伦理、社会责任等相关的学习资源和心得体会。这种方式可以促进学生之间的思想交流，激发学生对学习的热情，提升学生的综合素质和创新能力，为其成长和发展提供更多的支持和帮助。

## 第四节　商业实践能力：加大支持力度，创新合作模式

在新文科建设背景下，高校管理会计人才的培养，应以经济社会发展的现实或潜在需求为导向，培养一批能够服务经济社会高质量发展的专业化的创新型会计人才。随着技术变革及会计理念的改变，新时代我国经济建设迫切需要一批具备高水平商业实践能力的会计人才。在国内外经济形势瞬息万变的今天，侧重理论的会计培养模式不能满足社会对人才的需求，管理会计的应用型属性要求商业实践能力应嵌入高校对管理会计人才的培养方案中。结合新时代对管理会计人才商业实践能力的

要求以及云南高校商业实践能力建设状况来看，云南高校的管理会计商业实践能力建设水平与现实需求仍存在差距。结合调查结果分析，云南高校迫切需要从以下七个方面完善管理会计人才商业实践能力建设体系，营造理论与实践双提升的氛围，提升学生的商业素养和实践能力。

## 一、完善相关制度机制，打造适宜的人才培养基础环境

### （一）改革人才引进机制，优化教师结构

高校管理会计教师配置的合理与否，影响着高校管理会计人才的培养质量。由于财务会计具有较长的发展历程，在经济社会中也具有较广的应用范围，因此在当前高校的会计教育体系中，培养的重点主要是财务会计理论、技能，而对管理会计相关能力的培养重视不够，这就导致了在高校教师队伍中，高水平的管理会计教师还比较缺乏。但是，在数字经济时代，很多传统的以财务会计为理论基础的会计岗位大多是标准化、重复性强的业务工作，因此很容易为现代技术和人工智能所取代，而管理会计可以现代信息技术为支撑，在经济建设和社会发展方面有更大的发展空间。鉴于此，为适应会计行业新的发展要求，高校应适时地优化教师人才队伍结构。在优化高校教师队伍结构方面，应重点从人才引进方面入手。首先，在引进全职教师方面，高校应立足于学科建设目标，结合当前会计行业的发展趋势，合理增加具备扎实的管理会计理论基础和丰富的管理会计实践经验的优秀教师数量，增加其在教师队伍中的占比。在人才招聘环节，高校应发挥破旧立新的精神，改变“唯学历至上”的陈旧观念，要基于管理会计高应用的学科性质，合理设置招聘条件。高校应充分认识到，在科技对会计行业造成重大冲击的今天，要提升学生毕业后的竞争力，理论运用的实践能力培养不容忽视。高校在培养学生时，应配置更多有利于提升学生实践能力的教师，这也意味着在招聘管理会计教师时，学校应提高对实践能力的重视程度，合理分配理论素养、实践经验、科研水平等在招聘条件中的占比，合理布局教师队伍人才结构，避免教师队伍素质结构单一。其次，高校应积极

探索校外导师合作机制，实施人才培养的双导师制，引入企业高管、行业专家作为高校重要师资，利用校外导师丰富的实践经验，弥补校内全职教师实践能力不足的短板。校外行业专家加入教学队伍是当前很多具有前瞻性的高校优化教师队伍、提升教学质量的积极探索。例如，有高校与当地财政部门和会计协会合作，定期开展“会计领军人才进高校”活动，邀请行业专家走进课堂开展专题讲座，开发校企合作课程，引入企业师资等。

### （二）调整教师评价考核体系，激励教师实践能力的自我完善

高校应完善基于教师实践能力建设的考评体系，监督、鼓励教师积极带领学生开展实践探索。首先，高校教师通过在实践中的深入了解、思考，反思自身专业水平和发现学科研究现状的不足，从而实现自我的提升和对学科的贡献；其次，通过将实践经验融入现实教学中，挖掘教学内容的深度，能够极大提高学生学习的兴趣；最后，通过组织学生参与实践过程，增强学生知识掌握和运用能力。所以，高校在设置考核体系时，应正确认识教师商业能力水平的重要性，通过优化教师实践能力相关的考核指标，鼓励教师进一步提升商业实践能力。教师实践能力考核指标设置时，可以参考教师调研时间、基于调研结果的产出（如论文输出、案例开发等）、企业社会实践项目参与状况等。在分配考核指标的权重时，应对教师实践调研的时间、成果等分配科学的权重。同时，为提升教师商业实践能力提升的积极性，高校可以探索完善教师实践成果的利益分配机制，合理确定高校教师为企业提供服务、参与企业管理所获得的经济利益。

### （三）建立校企合作利益协调机制，增强企业参与积极性

校企合作作为高校管理会计师资商业实践能力建设的重要手段，其内涵在于发挥高校与企业的协同作用。高校依托企业实践资源提升教师和学生的商业实践能力，将教师和学生置于真实的商业场景中，充分理解管理会计的相关内涵和作用发挥的机制；而企业可以通过利用高校的

智力、人力资源解决其在生产经营和管理过程中遇到的问题。但在当前环境下，校企合作模式的开发仍需进一步完善，对于高校来说，其合作对象仍较匮乏，大多数企业参与校企合作的意愿不强。因此，为丰富高校管理会计商业实践资源和拓宽合作渠道，高校应结合自身优势和企业需求，积极开发企业合作伙伴。

高校在开发校企合作资源和对象时，应将企业利益需求置于首要考虑因素，以企业利益为主要目标，分析企业利益需求，完善高校和企业在实施校企合作过程中的利益分配机制，通过优化校企合作利益分配的方式增强企业参与合作的积极性。同时，有效的利益协调机制能够保证校企合作的长期稳定。在建立完善校企合作利益分配机制时，需要高校和企业重点解决双方信息不对称问题，提升彼此的互信水平。此外，应围绕利益产出、分配、利益冲突调节等事项，明确各方的权利义务，实现利益共赢。

### （四）设立校企合作沟通协调小组

校企合作是高校落实管理会计师资商业实践能力建设的重要手段，由于高校和企业的利益需求不同，管理风格、工作方式等存在巨大差异，因此双方在合作过程中不可避免会发生利益、思想观念等方面的冲突，只有这些问题得到妥善解决才能确保合作的顺利推进，这就需要建立沟通协调小组，为双方的合作架起沟通的桥梁，调节各方的矛盾冲突。建立校企合作沟通协调小组，高校应从两个层面开展。一是建立由高校职工组成的常态化工作小组，主要负责实践教学资源开发等组织管理工作。二是建立由高校职工和合作单位共同组成的临时工作协调小组，负责高校与企业合作期间的沟通交流，确保合作的顺利推进。

## 二、强化信息交流，畅通高校与企业的需求对接

高校与企业之间存在的信息不对称问题是制约产教融合发展的不可忽视的重要因素，高校与企业之间存在的信息鸿沟，限制了高校开发实践教学资源的视野，抑制了企业主动寻求合作的愿望和动力。一方面，

高校作为重要的知识智库，能为企业提供良好的智力、知识支持，这是经济社会的共识，但是学校具体能参与或协助企业解决哪些问题，通过哪些渠道与高校合作，又是很多企业面临的困境，尤其对于一些中小民营企业来说，由于其在经营过程中缺乏信息优势，这一问题就显得更为突出，而中小民营企业作为市场最为活跃的经济主体之一，存在巨大的合作空间，对高校校企合作体系的完善具备较大的开发潜力。另一方面，对于高校来说，由于脱离企业的具体生产经营活动，对企业的经济活动的了解大多局限于教师有限时间的调研活动、新闻媒体、学术期刊等渠道，因此往往存在对企业的真实需求了解不深入、不完整等问题，这些问题的存在限制了高校校企合作资源的开发。因此，高校应探索通过建立信息交换平台，加强优势资源宣传等措施解决高校与企业信息不对称问题，进一步促进产教协同发展向纵深推进，切实通过多措并举的方式提升高校管理会计师资商业实践建设能力。

### （一）建立信息交换平台，实现会计服务需求与供给的有效对接

信息不对称是引发资源配置效率问题的因素之一，高校在人才培养过程中，具备与企业合作的良好基础，但由于缺乏相应的沟通平台，阻断了高校与企业的信息沟通，弱化了双方的合作效果。建立有效的信息沟通平台，是实现企业与高校人才、资源等供需对接的有效手段，通过信息沟通平台可以实现供需的有效匹配，降低企业、高校的搜寻成本，提高合作效率。在校企合作信息沟通方面，一方面可以依托如教育、财政等行业监管部门、管理会计协会等行业自律组织、高校宣传网站、企业官网等渠道实现信息的发布与对接；另一方面可由政府部门牵头开设专门的产教融合平台，用于高校与企业合作交流对接。产教融合发展是增强知识转化效果、提升教育教学质量、促进经济社会高质量发展的创新探索。从表面上看，产教融合发展成果的短期受益人只涉及高校、教师、学生、企业，但从长远和更深层次分析，这是一项促进国家社会发展的系统性工程，因此，在推动产教融合工作中，政府应发挥积极作用，利用政府部门优势，协助企业与高校开展信息沟通交流。

### （二）加大产教融合发展优势宣传，增强企业参与意识

企业对产教融合发展模式的认识决定企业参与校企合作的意愿，当企业能够充分认识到自身能够获益于产教融合建设时，其参与积极性将得到充分调动。校企合作建设是一个循序渐进的过程，在这个过程中，高校应基于历史合作成果，依托新闻媒介针对校企合作成果、优势等开展宣传，扩大宣传的覆盖面，提升企业对校企合作的认识，增强企业参与意愿。

## 三、整合内外部可用资源，加大实践教育资源支持力度

资源整合是高校适应环境变化，推动教育教学改革所必须采取的手段。高校在整合教学资源时，应充分分析内外部可利用资源状况，结合专业发展规划，合理分配教学资源。当今，网络教学资源已经相当丰富，既有像学堂在线、中国慕课等这样提供大量免费优质教学课程的平台，也有机构、个人提供的免费或少量收费的大量高品质课程。与管理会计相关的外部网络课程普遍重在对理论知识的分析讲解，并且这些讲解内容大多来自优秀高校的优质课程，但是关于具体实践运用的内容相对较少，因此，高校在分配与管理会计教学相关资源时，理论知识课程部分可充分利用网络课程安排学生学习，高校教师则将重点放在日常指导、理论补充、实践教学等方面，对应地，学校方面应将教育资源向实践教学能力建设方面调整倾斜，这样线上线下相互衔接，可实现优势互补。高校对管理会计商业实践能力建设提供资源支持，应把握资金分配、管理、利用和人员分工调配等具体资源事项。

### （一）设立专项发展基金，确保实践教学资源的持续开发

资金支持是高校管理会计师资商业实践能力建设的重要保证，是高校实施校企合作项目的重要基础，也是教师开展实践活动的基本条件。为确保高校商业实践能力建设形成长期稳定的发展态势，高校可以通过设立专项发展基金的形式，为实践教学资源开发管理和实践教学活动的

有序开展提供资金保障。同时，设立专项资金，传达高校对管理会计师资商业实践能力建设的重视信号，引导学院、教师积极参与商业实践能力建设。

### （二）建立实践教学研究团队，保证实践教学活动有序推进

高校完善管理会计师资商业实践能力建设，可以通过抽调学校、学院相关的行政教学辅助人员和商业实践经验丰富的教师组成实践教学研究团队，高校也可以通过聘请企业行业专家、其他高校教育专家等为研究团队提供咨询服务，进一步强化实践教学团队工作质效。

## 四、创新校企合作模式，实施个性化特色产教发展模式

校企合作是一种通过整合学校和企业的资源，以满足各自利益目标为动力，发挥学校与企业的协同作用，建立优势互补的长期合作关系。高校应立足其教育发展的现实需求，承担起推动校企合作长期发展的重要责任，积极开发校企合作渠道，完善校企合作运转的保障机制，促进校企合作向更深程度、更广范围发展，打造具有稳定性、开创性、竞争性的校企合作模式，确保产教融合效果的进一步扩大。在推动校企合作过程中，高校要以管理会计专业学科发展目标为导向，既构建有利于保持高校专业长期竞争优势的合作战略规划体系，又立足当前条件和环境抓实、抓细校企合作具体工作方案。

### （一）完善实训基地建设

校企合作的广度与深度是影响高校管理会计人才培养水平的关键因素，完善校企合作，提升产教融合发展质量，高校要积极开发合作对象，探索更多有利于高校与企业实现双赢的合作措施，扩大学生实践的范围，不断完善校企合作的配套措施，保证校企合作的常态化和创新发展。高校应通过积极争取政府的支持，如争取财政资金拨款、利用政府中介作用等，建立实训基地。高校建立实训基地并发挥实训基地提升高校师生商业实践能力的作用，需要正确定位高校和企业在实训基地的功

能地位，明确各方的权利义务。在运转实训基地的过程中，高校要充分认识到企业具备真实业务的核心条件，保证企业在实训基地运转中能最大限度地被激发出参与的积极性，确保高校师生能够接触到更多的实践业务。

### （二）健全实习岗位管理

高校应加强与企业建立长期的合作关系，由企业提供学生实习岗位，指导学生实习过程。对于高校学生来说，实习是其离真实商业环境最近的最佳机会，并且可以在实习过程中，通过观察、与同事的沟通交流、具体业务操作等方式对工作内容、职责、能力需求等具有更直观和深刻的感受和认识。但是，当前大多数高校组织学生实习的工作仍不完善，由于条件受限，高校对学生实习过程难以做到全过程指导跟进，更多是通过以实习报告为载体的结果考查学生学习状况，而缺少对实习过程的指导监控，因此，高校可以通过完善与企业的合作，由实习企业派出人员担任学生实习期间的指导教师，指导帮助学生完成实习过程。

### （三）实施联合定制化培养模式，增强产教融合教育效果

实施校企联合培养模式，要加大企业的参与力度，企业应该基于自身长期人才建设目标及业务发展需要，协同高校探索定制人才培养方案，设置定向培养专班，在课程设计、学习成果考核方面融入企业人才标准。在培养过程中，要强化校企联动协作，高校方面要发挥教育主责功能，负责总体教学体系设计，合理分配教学资源、统筹校内外课程分配，同时，在教学过程中，要提升管理会计埋论的教学质量，为实践教学提供扎实的理论基础；企业方面则提供学生实习岗位，通过组织学生参与项目、生产参观，组织企业内部高级管理人员或行业专家实行经验分享等方式参与教学。

### （四）发挥自身优势，实施个性化产教融合模式

校企合作的基础条件是优势互补、资源共享，高校在长期的教学过程中，经过长期积累不断形成具有自身特色的教育竞争优势，如高校长

期积累的人文底蕴、智库资源等是吸引企业参与产教融合的有力法宝，高校在管理会计实践能力建设过程中应积极挖掘自身优势及资源，吸引企业参与合作，同时，应基于自身的资源优势实施个性化产教融合模式，构造差异化竞争优势。

### （五）高校应完善校企合作相关机制，确保企业放心合作

当前，在企业中，管理会计实习岗位的缺乏是制约学生实践能力提升的重要因素，由于管理会计工作岗位需要接触企业战略规划、具体经营业务、核心财务数据，所以企业出于保密需求，缺乏向学生提供实习机会的动力。因此，高校在落实合作细节条款时应注重像保密等类似的利益需求，并提出可行的解决措施。

总之，高校在培养管理会计人才商业实践能力时，要做实、做细实训基地、岗位实习、定制化培养、机制保障等促进校企合作的相关措施，积极创新探索，充分吸收借鉴国内外先进经验，提高高校师生商业实践能力建设水平，在吸收借鉴过程中要因地制宜，避免照搬照抄，千篇一律。

## 五、强化教师实践能力建设，提升实践教学水平

教师作为影响学生教育质量的关键因素，其专业水准、实践能力能够潜移默化地影响学生，在当前高校教师普遍存在理论强于实践的背景下，高校应加强教师实践能力建设。高校在提升教师实践能力时，应构建多元化与个性化、综合性与具体化的教师实践能力培养提升体系。在组织教师实践锻炼提升时，既要充分了解教师实践能力的差异性，又要正确认识管理会计学科建设对教师实践能力的要求，通过对比分析弥补现实与需求目标的差距，开展有针对性的实践措施。

在提升高校管理会计教师商业实践能力时，既可以通过校外具体实践活动，又可以通过内部培训、实训等措施。首先，高校可以通过组织教师参与企业研究课题，为企业提供管理咨询服务，参加行业论坛，深入企业开展调研等，强化教师实践经验的积累和锻炼。鼓励教师在教学

过程中将实践经验积累成果融入课堂教学，启发学生思考。其次，高校可以聘请管理会计专家或当地知名企业专业人员，对校内的管理会计教师展开培训，通过模拟企业的业务流程，以及企业内部的工作环境，使任课教师意识到自身的不足之处，从而对自身进行完善。最后，可以派遣高校相关专业的任课教师至企业内部参与企业的实际工作，高校也可以与企业合作建设教师培训基地，锻炼专业任课教师的个人能力及素质，并通过培训使教师真正掌握企业内部的管理需求及相关动态变化。

## 六、实施适应新形势的教学改革，提升课程建设水平

高校实施管理会计商业实践能力建设应以现实问题与社会需求为发展方向，我国高校毕业生就业压力持续增大，新技术、新产业等催生的新职位人才供应不足，传统会计职位被机器侵蚀取代，这一系列现实问题反映出商业实践能力建设体系应具备时代特性。立足当前，着眼未来，实施适应新形势下教学改革，要以促进学生就业、满足企业需求等为变革方向，构建联动性强的实践课程体系，培养提升学生综合专业应用能力。

### （一）以学生就业方向为导向，实施特色化指导

高校可凭借就业指导、学生就业方向调查等方式，了解学生毕业后的行业、岗位等就业意愿，对学生实施课堂外的针对性辅导，根据学生的个人特质、兴趣爱好、专长等匹配指导资源，推进理论基础培养统一化、实践培养个性化的教学模式，丰富学生能力，增强学生就业竞争力。

### （二）高校教学内容安排应突出社会需求导向

随着教育教学的发展，教学资源不断丰富，例如，学堂在线、中国慕课等开放共享教育资源，资格认证培训、高校教育教学等多层次教学资源；同时，也会存在教学内容交叉重复问题，形成资源浪费。针对在校学生的共享开放课程与职业资格培训内容主要侧重理论教学，高校应

充分认识这一特性，利用校外资源实施理论教学，开展线上线下相融合的教学模式，将一部分基础性、公共性课程由线下转移到线上，而线下教学资源向商业实践课程倾斜。高校应将更多资源投入开发以现实社会需求为导向的商业实践教学课程上。以社会需求为导向的实践教学内容建设的前提在于高校要充分了解学科实际需求，同时应充分利用高校高水平的科研能力了解未来发展趋势，以此保证课程设计既立足当前又具备前瞻性。

### （三）加强实践教学课程联动设计

管理会计商业实践能力的建设需要依托教学课程这一载体，优化实践教学课程是提高培养质量的有力手段，当前云南高校商业实践课程主要以案例教学、以赛促学、学生自主实习等方式推进。虽然在形式上进一步完善了实践教学课程体系，但是提升学生商业实践能力的效果还比较低，课程之间条块分割严重，缺乏内在联动性，弱化了培养效果。在推进商业实践能力建设方面，高校应进一步厘清培养思路，在商业课程设计上要增强内在联动性，高校可以借助目标管理理念，定义教育培养总目标和各个课程分目标，同时明确各分目标对总目标的影响程度及依存关系，从而在目标导向下强化课程安排布置的合理性和科学性，提升有限教学资源的利用效率，强化培养效果。

## 七、立足管理会计发展运用状况，加大学科贡献

目前，管理会计理论研究和实践运用相对滞后，在实践应用中，管理会计职能通常零散地分布在各个财务会计相关岗位上，很多企业对管理会计职能的重视程度相对较低，大多中小企业缺乏专门的管理会计岗位，这一现实条件也制约着高校管理会计商业实践能力建设水平，影响高校管理会计专业发展。因此，高校在探索商业实践能力提升路径时，要充分考虑这一现实困境，需要认识到管理会计学科发展应用状况与高校可利用的校企合作资源之间存在的相互作用。为突破这一困境，高校应该主动作为，积极探索提升管理会计人才能力的有益措施，鼓励教师

开展对管理会计理论和运用的研究，通过人才培养和科研成果，促进管理会计发展应用，提升社会对管理会计的认可程度。此外，当高校管理会计发展水平较高，高校毕业生在就业市场中才会体现出相对竞争优势，也可以有效提升高校管理会计教学质量，进而提升高校的知名度，促进企业积极寻求合作，丰富高校实践教学资源。

## 第五节　课堂教学能力：打破学科壁垒，创新教学方法

结合新时代对管理会计人才课堂教学能力的要求以及云南高校课堂教学能力建设状况来看，云南高校的管理会计课堂教学能力建设水平与现实需求仍存在差距。结合调查结果分析，云南高校迫切需要从以下四个方面完善管理会计课堂教学能力建设体系。

### 一、树立正确的教育理念

#### （一）更新理论知识体系

“大智物移云”时代，教育教学变革已经成为常态。高校专业教师面临诸多挑战和机遇，其中之一就是要不断更新理论知识体系，以保持在教学内容和方法上的先进性，这不仅是一种职业要求，更是一种责任和使命。管理会计作为一个会计学科的重要分支，近年来发展迅速，新的理论、方法和实践不断涌现，为高校提供了丰富的课程资源和科研课题，云南高校管理会计教师应当密切关注学术界的前沿动态，通过参加学术研讨会、阅读专业期刊、与国内外同行交流等方式，积极掌握新知识、新技能，并尝试将其应用到实际教学过程中，这不仅可以丰富课堂教学内容，提高学生的学习兴趣和动力，还有助于培养学生的创新精神和实践能力。此外，云南高校管理会计教师应时刻保持学习和进步的心态，不断拓宽自己的视野，增强跨学科交叉融合研究能力。总而言之，在这个日新月异的时代，教师需要不断努力学习，提升自己的专业素养

和教育水平，只有这样才能更好地承担起教书育人的责任，为国家和社会培养出更多具有创新精神和实践能力的高素质人才。

### （二）培养辩证思维和独立思考能力

新文科建设背景下，探索性教学和互动性教学已成为教育教学改革的重要趋势。随着全球化和信息化的不断发展，人才市场对教育的需求也在不断发生变化，教师应当积极革新教学理念和教学方法，以适应新时代的要求。传统的“灌输式”教学方式往往过于强调知识的传授，而忽视对学生的主观能动性和创造性思维的培养。因此，在新文科建设背景下，教师应当逐渐转变传统的教学观念，转向以学生为中心的教学模式，注重学生个性的发展，鼓励学生积极参与课堂活动，充分发挥学生的主观能动性和创造性。为了实现探索性教学和互动性教学，教师需要精心设计各种课堂活动。例如，可以组织小组讨论、实地考察、经验分享等活动，让学生在活动过程中互相学习、互相启发，形成多元化的互动。这些活动不仅可以提高学生的参与度，还可以提高学生的团队协作能力和沟通能力。此外，教师还应该通过案例分析和策划主题研究项目等方式，挖掘学生的兴趣和特长，帮助学生养成自主学习的习惯，提升学生技能水平。这些活动可以帮助学生更好地理解和掌握知识，也可以培养学生的创新精神和实践能力。在新文科建设背景下，探索性教学和互动性教学越来越受到重视，云南高校管理会计教师应当积极转变教学观念，设计出更多富有创意和探索性的课堂活动，让学生在轻松愉快的氛围中学习和成长。

## 二、创新教学方法，革新考核方式

在新文科建设背景下，云南高校管理会计教师应当具备教学方法创新能力，教学方法的创新不仅要注重逻辑性和有效性，还要关注学生的认知方式和兴趣。教师应当通过多元化、情境化的教学内容设置，激发学生的学习热情和兴趣。例如，可以利用最新的科技媒介制作富有趣味性的教学材料，也可以将实际生活中的案例与理论知识相结合，以增强学生对知识的理解和记忆。创新教学方法并非一蹴而就，需要在实践中反复试验和调整。教师应定期收集学生对教学内容和方式的反馈，对教学效果进行评估，以便及时调整教学策略。教学方法的创新需要教师具备多方面的能力，包括吸引学生的持久兴趣、持续评估和反馈、把握教育技术的潜力等。只有这样才能真正做到以学生为中心，提高教学效果，让学生在愉快的环境中更深入的学习。此外，传统的笔试考核方式存在无法全面评价学生能力的局限性，为了更好地评估学生对管理会计知识的掌握程度和应用能力，可以引入多种形式的考核方式，如口试、案例分析和小组讨论等。这些方式不仅可以评估学生的理论知识水平，还可以更加全面地考查学生的综合能力。口试是一种直接的考核方式，通过与学生面对面的交流，可以更好地了解学生对管理会计知识的理解深度和逻辑思维能力。在口试中，学生需要即时回答问题，展现自己的思考过程，这有助于评估其沟通表达能力和批判性思维能力。案例分析是一种贴近实际情境的考核方式，通过分析真实或虚拟的管理会计案例，学生需要运用所学知识解决复杂问题，考查其实际操作能力和决策能力。案例分析考核方式可以帮助学生将理论知识与实际应用相结合，培养学生的问题解决能力和判断力。小组讨论也是一种有效的考核方式。在小组讨论中，学生需要与同学合作讨论特定问题，共同找出最佳解决方案。通过小组讨论，学生可以展示团队合作能力、领导能力以及解决问题的能力，而且可以培养学生的交流能力和合作精神，促进彼此思维的碰撞。

## 三、打破学科壁垒，培养跨学科交叉融合能力

除关注管理会计专业理论知识外，还应当关注与之相关的其他知识领域的更新迭代。比如，与经济相关的宏观经济政策、国际贸易政策等，与法律相关的会计准则、税法规定等，与现代信息技术相关的会计信息系统、大数据分析技术等。此类学科知识也不同程度地影响着管理会计的实践应用和发展趋势。例如，随着现代信息技术的快速发展，数

字化教学已经成为一个重要的趋势。教师应当具备利用数字化工具进行教学的能力，对数字化教学的进一步开发和深入了解可以使教师的授课方式更具创新性和适应性。虚拟现实（VR）技术或增强现实（AR）技术的使用可以为课堂提供更丰富的体验，逼真的模型和动态图像可以使枯燥的抽象概念变得生动有趣，以及 PPT 制作、在线课程设计、在线评估工具的使用等在教学中同样重要。人工智能和机器学习技术的使用可以帮助教师在短时间内处理大量的数据，能提供个性化的教学建议，从而优化教学效果。此外，教师也需要了解和掌握如何有效地在在线社区中践行教育，以便促进线上互动、建立共享资源库、维护学习社群的活跃度等。除了教学技能，教师还需要培养自己的数字素养，更好地引导学生在网络环境中安全、合法、有意识地学习。随着科技的进步，未来还将有更多新的技术涌现，教师需要持续学习和适应，以保证其数字化教学能力与时俱进。

## 四、提升案例分析、实践教学能力

首先，教授技巧在提升教学质量、促进学生全面发展中起着至关重要的作用。为了教授复杂的管理会计概念，教师可以采用分步骤讲解、结合实际案例、使用类比和隐喻以及鼓励学生提问和反馈等策略。有效的提问能够激发学生的思考，测试学生的理解深度，并促进其知识巩固和应用，为此教师需要精心设计问题、适时提问、鼓励学生回答以及提供答案解释。其次，良好的课堂管理和组织也是保障教学顺利进行的基础，教师应当制定明确的课堂规则，合理分配时间，运用多样化的教学方法及时处理突发状况。最后，交流与沟通技巧在授课过程中也不容忽视，教师应当倾听学生需求，运用有效的非语言交流建立互信关系并提供积极反馈。通过掌握和应用这些教授技巧，教师能够更好地吸引和指导学生，帮助学生建立强大的理论、实践体系。此外，为了更好地帮助学生理解和应用管理会计知识，教师还需要具备案例分析能力，能够引导学生通过分析真实的公司案例来了解和理解会计概念。同时，教师也需要具备实践设计及实施的能力，将课堂学习与实践经验相结合，使学生在实践中巩固并拓展理论知识。通过模拟实践和操作模拟等活动，使学生在安全的环境中犯错、学习和成长。这种“尽试尽错”的过程有助于培养学生发现问题、解决问题的能力，帮助学生更全面地认识和理解管理会计。

## 第六节　学术研究能力：保持专业敏感，加强成果转化

结合新时代对管理会计人才学术研究能力的要求以及云南高校学术研究能力建设状况来看，云南高校的管理会计学术研究能力建设水平与现实需求仍存在差距。结合调查结果分析，云南高校迫切需要从以下五个方面完善管理会计人才学术研究能力建设体系。

### 一、保持专业敏感度

学术研究往往来源于实践中的问题。管理会计是一个快速发展的学科领域，新的理论、方法和工具不断涌现。保持专业敏感度能使教师及时了解学科发展的最新动态，掌握前沿知识，从而更好地指导学生和研究工作。高校管理会计教师保持专业敏感度的关键在于对学术动态、企业实践和政策法规的持续关注。高校管理会计教师应该订阅专业期刊，定期阅读国内外管理会计领域的相关文章，了解最新的学术观点和实践经验。同时，关注企业界的管理会计实践和行业动态，以便及时掌握实际应用中的新趋势和新问题。此外，还应关注政策法规和标准变化，结合国家政策和企业实际需求进行学术研究，不仅可以获得更多的研究资源，还可以提高研究成果的应用价值和社会影响力，管理会计涉及的政策法规和标准可能会对企业的实践产生重大影响。教师应密切关注相关政策法规和标准的动态，及时了解变化情况并分析其对学术研究和实践的影响。

## 二、加强跨学科研究

由于管理会计学涉及多个学科领域，如经济学、心理学、社会学等，因此进行跨学科研究有助于开拓新的研究领域和视角。管理会计教师需要关注不同学科之间的交叉点，找到可以融合的领域。例如，心理学中的行为决策理论可以与管理会计中的决策制定相融合，探究个体在决策过程中的心理活动和行为表现。与来自不同学科背景的学者和研究人员建立跨学科团队合作，共同开展研究项目。这样的团队可以提供多元化的观点和方法，促进知识的交流与碰撞。在研究过程中，教师需要整合不同学科的知识和方法，以解决管理会计中的实际问题。这需要教师具备较高的学术素养和跨学科能力，能够灵活运用不同学科的知识。

同时，跨学科研究应该注重实践应用，解决企业管理中的实际问题。将研究成果应用于企业实践，教师可以为企业提供有价值的建议和解决方案。

## 三、加强理论与实践的结合

管理会计教师的学术研究应该注重理论与实践的结合。通过深入企业实践、参与课题研究、与企业合作等方式，了解企业的实际需求和管理会计的实际应用情况，从而更好地进行学术研究。此外，学术研究还能为企业提供创新的动力。学术界始终关注着科技前沿和学术动态，不断涌现出新的理论和思想。企业可以通过与学术界的合作，将这些新思想引入产品研发、生产流程、管理模式等环节中，从而实现创新发展。

## 四、提升自身能力

管理教师应该定期反思自身的研究过程和方法，找出存在的问题和不足，及时调整研究方向和策略，而且要积极接受他人的批评和建议，不断提升自身的学术能力。此外，还应保持学习、更新知识。学术研究的核心在于创新，教师需不断学习新知识、新理论，关注学术前沿，提升自身的学术素养和研究能力。通过参加学术研讨会、进修培训等方式，了解最新的学术动态和研究方向。学术研究往往需要团队合作，管理会计教师应该积极与其他教师、学者和企业合作，共同开展课题研究和项目开发。团队协作可以充分发挥各自的优势和资源，提高研究的效率和成果质量。作为教师，除了自身的学术研究，还应注重培养学生的研究能力。通过指导学生参与课题研究、组织学术沙龙等方式，激发学生的研究兴趣和创新精神。校方应帮助建立良好的学术生态环境，共同营造一个开放、包容、合作的学术生态环境，有助于教师更好地开展学术研究。学校应支持教师的学术活动、提供必要的研究条件和设施。

## 五、加强科研成果转化

### （一）完善科研成果的评价与转化机制

建立科学合理的科研成果评价标准是提升学术研究质量和促进产学研深度融合的关键环节。传统的科研成果评价往往过于侧重论文的数量和发表水平，而忽视了实际贡献和社会影响等更为重要的方面。因此，有必要对现有的评价标准进行改革和完善，构建多元化的评价体系，以更全面地反映科研成果的价值。高质量的论文是科学研究的重要标志之一，也是教师学术水平和研究能力的体现。首先，在评价论文时，应综合考虑论文的创新性、研究深度、研究方法的科学性以及论文对所在领域的贡献等因素。此外，还应关注论文被引用次数、发表期刊的影响因素等，客观地衡量论文的影响力。其次，要注重实际贡献的评价。科研成果应能够为解决实际问题提供有力支撑，推动科技进步和社会发展。在评价科研成果时，应关注其在企业、社会和国际层面的实际应用情况，以及与国家和地方重大发展战略的契合度等。此外，还可以考虑科研成果对相关领域发展的推动作用，如带动相关产业的技术进步和创新能力提升等。再次，要注重社会影响力和认可度的评价。优秀的科研成果应该能够赢得广泛的认可和赞誉，对所在领域乃至社会产生深远的影响。评价科研成果时，可以关注其在学术界、产业界和社会公众中的知名度和影响力，如获奖情况、媒体报道、社会反响等。这些指标可以有效地反映科研成果的社会价值和发展潜力。最后，要完善科研成果转化的激励机制。科研成果只有转化为实际生产力，才能真正发挥其价值和效益。因此，有必要建立健全科研成果转化的相关政策和措施，激励教师将研究成果应用于企业管理和行政机关决策等实际领域。例如，可以设立专项资金支持科研成果的转化和产业化，或给予转化成果的教师一定的奖励和荣誉。这些举措的实施，有望激发教师的创新热情和成果转化意愿，从而推动产学研的深度融合和持续发展。

### （二）搭建科研成果转化的中介平台

搭建科研成果转化的中介平台旨在建立一条促进云南高校管理会计教师学术研究成果从实验室走向市场的快速通道。通过设立专业组织或中心并配备专业运营团队，利用先进的信息管理系统，为教师提供一站式服务，涵盖成果推介、项目对接、市场调研等多方面内容，实现各项服务的标准化和规范化操作。为了广泛宣传教师的科研成果，平台采用线上线下相结合的方式进行推广，包括建立专题网站、使用社交媒体平台和参加行业展会等。除此之外，平台还根据教师的科研成果特点和发展方向，寻找与之匹配的企业和政府合作项目，协助教师与企业或政府部门进行商务谈判和合同签订，确保科研成果能够顺利投入实际应用中。中介平台为教师提供专业的定制化市场调研服务，涵盖竞争态势、消费者需求和政策法规等，并提供科学的市场进入策略和产品定位建议。同时，平台积极拓展与金融机构的合作，提供知识产权抵押贷款、科技创新基金等多样化融资选择，并协助教师完成商业计划书和投资提案的编写，解决资金问题，使科研成果满足市场需求。

### （三）采用“同行评审+专家评审”双重评估机制

在传统的同行评审基础上，为了更全面地评估科研成果的应用前景和市场潜力，中介平台可以引入专家评审环节。这一环节将邀请相关领域的行业领袖和知名企业家，利用其丰富的经验和眼光对科研成果进行评估。专家评审既能确保评价结果符合学术规范，又能确保其贴近市场需求，为科研成果的转化和应用提供有力的保障。专家可以从市场角度出发，对成果的商业化潜力、市场竞争力以及实际应用前景进行深入分析和评估；可以对行业趋势、技术需求和市场规模等提供建议，帮助教师更好地把握市场需求，优化科研成果，增强商业化成功的可能性。专家评审能有效促进产学研深度融合、为科研成果的转化提供可靠的参考和支持。专家作为行业的代表，评估科研成果的应用潜力，可以帮助教师更好地理解企业和市场需求。通过与专家的互动和交流，教师可以更准确地把握市场导向，调整研究方向和策略，使科研成果更符合实际应用的要求，从而推动产学研的深度融合。此外，通过对成果的评估，专家还能够针对不同行业或市场提供相应的建议，如推荐合适的商业合作伙伴、指导技术改进、评估市场风险等。这些专业意见和建议将帮助教师更加精准地规划转化策略，选择最佳的商业化路径，提高科研成果的转化成功率。

# 第六章

# 新文科背景下云南高校管理会计教师能力建设的对策建议

在新文科建设背景下，云南高校管理会计教师能力建设应注重综合性和具体化的体系构建，围绕政府、高校和教师三个维度来展开，形成上下、内外有效衔接的培养体系，保证整体层面的配套支持、中间层面的协调分配、具体层面的细致执行等。具体来看，政府层面应着重出台扶持政策和优化体制机制；高校层面应重点从完善师资/人才培养方案、加强资源建设、健全课程体系、优化考核评价方案等方面落实；教师层面应重点从完善个人认知、积累理论知识和拓展实践经验等方面执行。

## 第一节　政府层面：强化政策支持，部署设施建设，协调资源配置

政府作为贯彻党和国家方针政策的重要机关，在教育发展过程中担任着重要的角色，教育的发展方向及发展质量受政府调节活动的影响，因此，高校管理会计教师能力水平及其发展在很大程度上受到政府的约束。在云南高校管理会计教师能力建设上，政府部门应着眼于社会经济对会计职能需求的转化，立足于会计行业发展现状，以前瞻性思维，在政策制定、教育资源分配上支持、引导管理会计教育水平的提升，确保高校人才供给与市场需求的有效对接，满足经济发展对人才的需求，发挥高校通过人才建设促进国家高质量发展的作用。促进云南高校管理会计教师能力建设，从政府层面来说，可以从与教师能力建设息息相关的专业精深能力、数据挖掘能力、课程思政能力、商业实践能力、课堂教学能力、学术研究能力六个方面分模块推进。

## 一、强化意识形态引领作用

在管理会计教学能力评价体系中，课程思政能力的建设必不可少，政府应通过意识形态的引领，推动高校管理会计发展过程中课程思政能力水平的提升。课程思政站在党的教育战略部署之上，政府连同高校均应贯彻并落实党的教育方针，紧紧围绕“立德树人”的根本任务，坚持统筹推进、系统治理，探寻马克思主义教育教学规律，巩固马克思主义在意识形态领域的指导地位。

### （一）坚持马克思主义在意识形态领域的指导地位

马克思主义以科学的方法论和理论体系为基础，提供了科学的分析方法和观察视角，有助于深入剖析社会现实的本质和规律。我们能通过马克思主义所提供的历史唯物主义、辩证法、阶级分析等理论工具研究专业知识之本源、动力与未来发展之路。要坚持马克思主义同中华优秀传统文化相结合，培养具有家国情怀、国际视角，助力中华民族伟大复兴的高层次专业技术人才，积极争做“社会主义核心价值观的坚定信仰者、积极传播者和模范实践者”，增强价值认同、维系价值情感、助推价值行为。

### （二）强化责任链条，统筹推进，协同治理

统筹推进是着眼于整体而进行部署和安排，是立足于当前我国教育发展战略、强化教育顶层设计的重要手段。课程思政能力建设是响应新文科建设之所向，贯彻落实党的教育发展理念，探寻马克思主义理论教育教学规律，推动管理会计学科高质量发展的必由之路。但从目前我国课程教学的现状来看，课程思政处于“被边缘化”状态，甚至是以“外铄”的角色存在，严重阻碍了知识教育和价值引领的作用。因此，要发挥思想政治的作用，要将课程思政工作摆在首位，推动政府与高校的协同联动作用，遵循教育发展规律和人才培养规律，将课程思政循序渐进、螺旋上升式地融合到管理会计学科中，统筹课程标准与课程建

设，有针对性地鼓励思政教师与管理会计教师进行跨学科协同备课研讨，促进思政课程与管理会计课程的衔接。

## 二、强化政策支持力度，优化管理会计发展环境

### （一）制定资金支持政策

在新文科建设背景下，政府在提升云南高校管理会计教师能力建设中扮演着重要角色，政府应为管理会计教学水平的提升配备发展资金，通过针对不同层面教学能力建设设立专项资金，并制定配套的资金使用、管理、监督等政策，促进管理会计学科能力的提升。

首先，政府可以针对课堂教学能力的提升，出台对应资金支持政策，围绕基金核心目标，一定程度上扩大资金使用范围，鼓励高校及其教师灵活运用发展基金积极探索有利于提升教师能力的措施。例如，基金既可以用于支持教学创新和实践研究，又可以资助国内外交流、学术会议参与以及引进国际先进的教学资源和方法。此外，基金还可以支持那些在教学方法、课程开发和教材编写上做出贡献的项目。

其次，针对高校管理会计教师专业精深能力的建设，资金支持应体现个体与整体的协调发展。一方面，政府可以设立专门的职业发展基金，为管理会计教师提供研究津贴、奖励机制和进修机会，鼓励他们持续提升专业水平。进一步地，政府可通过职业发展基金支持教师参与行业咨询项目和研究工作，使他们能够将实践经验融入课堂教学中，提高教学的实践性和互动性。另一方面，政策制定者可以考虑推行一系列的专业发展计划，如提供定期的行业更新培训、组织国内外学术交流活动，以及设立教育创新实验室等。这将有助于管理会计教师掌握前沿的行业知识和技能，增强其教学和研究的实效性和创新性。

最后，有效的资金支持政策，应重视配套措施的制定和实施。政府部门应该制定清晰的指导方针和操作手册，以确保各高校了解如何利用政策和基金，包括提供政策解读培训、成立咨询服务窗口，并可以建立一个在线平台以促进信息共享和更新。

### （二）完善激励制度

政府应实施多元的鼓励措施，促进高校管理会计教师能力的提升。一方面，制定激励机制，国家部门可以通过人事评价、职称晋升、薪酬激励等方式，鼓励教师进行教学创新。可以引入灵活的职称评审机制和职业晋升路径，允许有能力和愿意从事管理会计教学的企业实务人员转入教育界，促进校企间的知识和人才流动，保持教师队伍的活力。政府与教育行政部门应共同做出努力，简化行政流程，提供更多自主权给高校，以便它们能够灵活调整培养方案和课程体系，以适应不断变化的教育需求。另一方面，灵活运用物资与精神激励措施。对于在教学质量和学生满意度等方面表现突出，在教学方法、课程设计、学术研究或学生指导等方面有突出贡献的教师，可以通过颁发荣誉证书和奖项来进行表彰。总体而言，政府层面上的这些政策举措将激励管理会计教师追求卓越，不断提升自己的教学与研究能力，最终提高整体的管理会计教育质量。

### （三）健全管理会计教学政策

随着经济环境的日益复杂，传统的核算型人才已经不能满足市场发展的需要，而业财综合型的管理会计人才是大势所趋。然而，受制于师资力量以及教学条件等因素，目前，我国高校对会计人才的培养仍以核算型人才为主，培养体系尚未健全。基于此，我国政府需要大力出台相关政策以及应用指引，引导高校会计教学转型，向复合型管理会计培养模式转变，为管理会计教学提供有据可依、有章可循的高效工具和方法。

## 三、加强管理会计发展配套设施建设

### （一）建立管理会计教学示范平台

首先，政府可以凭借天然的政治力量和资源禀赋整合先进教学资源，利用现代技术，如虚拟实验室、模拟软件、在线教学工具等，为平台提供数字化支持。这可以增强学生的实践能力，提高教学效果。其次，在平台中可以建立实践案例库，即收集和整理大量实际管理会计案例，包括企业财务报表分析、成本控制、预算编制等方面。确保这些案例具有真实性和教育性，以支持实际操作和问题解决。再次，政府可以提供丰富的教学资源支持，提供高质量的教学资源，如视频讲座、电子书籍、学术文章等，以支持教师和学生在平台上的学习和研究。最后，平台应该定期更新，以反映管理会计领域的最新发展。平台要定期收集用户反馈，不断优化功能和内容。

### （二）积极部署高校数字化教育基础设施建设

在当今数智化时代，随着数字技术对新一轮产业革命的冲击，技术与教育之间的融合应用迎来宝贵机遇。培养管理会计教师的数据挖掘能力是管理会计教育内生性需求和数字经济时代的冲击所形成的现实要求，旨在高质量发展管理会计教育的过程中推动教育数字化，促进教学手段与方法以及评价体系的全方位、立体式变革。

政府方面要积极部署高校数字化教育基础设施建设，使数字技术更多地应用于数字化教育基础设施建设中，确保学校具备教育数字化转型所需的基本条件。例如，建设领先的数字化在线教育平台，提供优质学习资源和多样化教学方式，实现灵活的学习与教学模式；积极开展在线课程的推广和应用，对传统课程进行转化，开发适合在线教学的课程内容；通过大数据、云计算等数智化手段对学生的学习情况进行深度分析，建立有效的学习评估机制，为个性化学习提供技术支持。首先，将数字技术作为一种以场景化、角色化为导向的自助智慧中介，它将作为教育驱动工具的感知智能过渡到认知智能，再由认知智能过渡到交互智能。智慧中介注入人工智能、区块链功能，运用自然语言处理（NLP）、知识图谱（KG）、智能识别（OCR）等技术实现教师、学生同数据之间的交互，提高学生学习分析能力与知识的沉淀。其次，学校亦可利用数智技术，如虚拟现实、混合现实（MR）、增强现实等，仿真学习环境与实践环境，带给学生沉浸式学习体验。最后，以信息技术为载体，通过变革信息传播方式实现教育重塑。变革信息技术的传播方式既需数字技术所涵盖的基本操作技能，亦需数字技术所需的编程与算法思维、信息搜索与筛选、创新思维、交流协作、社会责任等素养，由此形成教育数字素养域，进而以教育数字素养域为导向形成数字素养框架，再将人工智能嵌入数字素养框架，畅通“数字技术—人—教育”的延伸脉络，塑造新型教育模式。

## 四、增强教育资源协调配置能力

### （一）协调教师存量与教师结构

教育人力资本是发展高等教育的源泉，也是新文科背景下培养复合型人才的源头。在当前高等教育体制背景下，管理会计教师存量与教师结构协调力度薄弱。“巧妇难为无米之炊”，教师结构失衡对管理会计专业建设造成巨大的阻滞，而要打破教师结构失衡形成的“藩篱”，必须借助政府天然的人力资源禀赋。政府要优化管理会计教师结构，发挥管理会计职业发展的带头效应，“广栽梧桐，筑巢引凤”，完善学科人才机制，为提高管理会计教师专业精深能力提供坚实的人力资本保障。

### （二）加大产学研融合创新力度

当前，产业发展与人才培养发生错配。究其原因，是专业建设与产业结构动态调整之间的错节或错位。而强化产学研融合创新力度可以为管理会计教师提供更广阔的视野和更丰富的资源，为专业建设助力。政府可以凭借多种手段推动产学研融合创新。首先，产学研结合可以让管理会计教师了解行业的最新发展动态和实际问题，教师更容易接触到最新的管理会计技术和工具，通过参与项目研究和解决方案的探讨，从而在教学和研究中不断提高自身的专业精深能力。例如，政府可以制订培训计划，建立定期联络机制，定期组织产学研交流大会、研讨会、论坛和培训班，为各方提供学习和交流的机会，为高校管理会计教师提供商业实践方面的培训课程，帮助他们了解最新的商业趋势、实践经验和案例。其次，政府可以促进高校与行业产学研合作，建立产学研协同创新机制，建立产学研研发平台，通过学校与企业合作开设实践教学基地、项目活动、创业孵化基地等，搭建师生与企业之间的桥梁，让教师有机会深入了解实际商业运作，从而提高他们的商业实践能力，使教育内容与市场需求更加贴切。再次，通过搭建产学研合作的政策框架和奖励机制，如资金支持、产权保护、人才培养等，精准落实“金融+财政+土地+信用”组合式奖励政策，鼓励各方积极参与合作，鼓励管理会计教师积极参与商业实践活动，提高他们的研究动力和实践能力。最后，设立明确的评估标准，教育和人力资源社会保障部门积极负责落实产学研质量评估，工业化、信息化部门做好统计工作，为示范企业提供奖励依据，同时鼓励将商业实践能力作为评估教师绩效的一项重要指标，激励教师不断提升自身的商业实践水平。

### （三）完善学术研究体系建设

高校教师学术研究能力既能体现高校在经济社会发展过程中的智库作用，也是高校教师进一步提升管理会计教学的有利条件。科学有效的学术研究体系的建立能够进一步保证教学科研的“双促进”。政府在鼓励、领导高校管理会计能力建设过程中，需重视从整体层面构建有利于学术研究能力提升的体系，支持高校管理会计学术发展。政府支持高校学术研究发展，可以从研究经费、组织管理、建立评价机制等方面持续推进。

其一，增强研究经费支持。政府可以提供专门的研究经费，用于资助管理会计教师的研究项目，鼓励管理会计教师参与国内外学术交流项目、研讨会，拓宽教师的研究视野，使他们能获取最新的研究动态，如设立科研基金、学术论文发表奖励等，以激发教师的研究兴趣。其二，强化组织管理。鼓励和支持形成跨学科的研究团队，推动管理会计教师与其他领域的专家进行合作，提高研究的深度和广度；建立学术导师指导体系，由经验丰富的学术导师指导管理会计教师的研究工作。导师可以提供学术建议、研究方法，并分享自己的研究经验。其三，制定综合的学术评价机制。鼓励管理会计教师积极参与学术研究，政府应该设立以研究成果、论文发表、学术影响等为评价基准的多维评价体系，确保对学术研究评价的客观性和科学性，增强评价结果的运用效果。

### （四）以平台为载体，协同推进课堂教学能力发展

以平台为载体提高管理会计教师课堂教学能力可以采取多种策略和方法。这些平台包括在线学习平台、教学资源共享平台、社交媒体平台等。政府可创建一个平台，让管理会计领域的教师能够共享教学资源，包括课程设计、案例分析、教学大纲等。这有助于教师相互学习，提高整体教学水平。利用社交媒体平台或专门的在线社群，建立管理会计教师的专业交流平台。通过这些平台，教师可以分享经验、讨论问题、提出建议，营造共同进步的氛围；创建虚拟实验室或模拟平台，让学生和教师能够在模拟环境中进行实际案例分析和决策，以提高实际操作和应用能力；设计和引入在线评估工具，让学生和同行能够对教师的课堂表现提供实时反馈，有助于教师了解自己的优势和改进点；提供先进的数字化教学工具，如在线演示软件、互动课堂工具等，以提高教学效果和吸引学生的注意。

## 第二节　高校层面：完善培养方案，健全课程体系，优化考评机制

对于高校而言，提升管理会计发展质量的工作应当较政府部门更加细化，更具针对性和可操作性。高校应结合自身资源优势及存在的现实问题，重点从完善师资/人才培养方案、健全课程体系和优化考核评价方案等方面落实以提升管理会计教育水平。

## 一、完善师资、人才培养方案

### （一）完善师资培养方案

在高校人才培养体系中，教师是影响教学水平的关键因素，包括教学、科研等在内的教师综合素质水平直接影响高校人才培养的高度，因此，高校在提升管理会计教育水平和制定相关措施政策时，教师能力建设应该作为重要考量标准之一。提升高校管理会计教学水平，应以完善教师培养方案为落脚点，通过实施定向培训和师资队伍建设等措施来提升教师的专业水平。教师应结合行业需求和学科发展，设计适应新文科发展的管理会计人才培养方案，注重培养学生的综合素质和实际操作能力。

### （二）完善人才培养方案

学校授课是以培养专业人才为目标的，人才培养符合社会和市场的需求才能为解决实际问题发挥作用。为适应新文科理念，高等教育机构在确定人才培养目标的过程中，要注重市场调研，了解不同时代和社会背景所需的专业管理会计人才，注重复合型人才的培养，提高人才解决问题的能力，完善管理会计专业的人才培养方案，关注学生全面能力的发展。高校可以通过加强与企业的沟通或通过网上招聘网站的信息搜集，了解目前企业对管理会计人才的需求，教师根据具体需求，调整授课方式和知识体系，使得授课更有针对性。与此同时，在学科转型背景下，原有的一些课程设置得不够合理，已经被时代抛弃，不适合社会经济发展需要，因此，要适时调整课程设置，不断更新优化课程体系，为学生提供更优的课程，包括更新和丰富课程内容，融入最新的研究成果与行业动态，确保教学内容不仅与时俱进，而且重视实际案例分析及问题解决技能的培养。在进一步的实施中，高校应当厘清新文科背景下管理会计专业的核心能力框架，将这些能力细分为知识、技能、态度和价值观等多个维度。针对这些能力要素，教学计划需综合设计课程模块，课程要涉及基础理论、技术应用、战略思维和伦理判断等方面。此外，教育方式也应从传统的讲授法转变为案例教学。

### （三）推进产教融合培养

管理会计是一门实践性很强的学科，随着市场竞争的加剧和企业对管理会计人才要求的提高，管理会计在企业中的地位越来越重要，但部分高校在实践教学环节上投入不足，缺乏与企业合作的途径，导致学生难以将理论知识应用于实际工作中。因此，高校作为管理会计人才培养的重要基地，必须紧密结合社会需求，构建有效的管理会计专业产教融合合作模式，以培养既懂管理又懂会计的复合型人才。产教融合合作模式可以让学生在学习过程中接触到真实的企业环境和实际问题，通过实践锻炼提高学生的实际操作能力和解决问题的能力。通过与企业的合作，教师可以了解企业的最新动态和实际需求，来丰富教学内容和方法，提高教学效果。同时，教师也可以从企业的实践中获取研究灵感，促进自身的专业发展。

首先，在学生培养层面，高校应该建立稳定的校企合作机制，共同制定人才培养方案、教学计划和实践环节，通过组织学生进行实地考察、实习实训、项目合作等多样化的实践教学活动，让学生在实践中掌握管理会计的基本理论和技能。同时，可以设立校企联合实验室或实践基地，与企业合作开展课题研究、项目开发等活动，为学生提供更多的实践机会。其次，在教师层面，高校应积极推进产教融合合作，引进具有丰富实践经验和深厚理论素养的管理会计教师，并加强对现有教师的培训，同时聘请企业的专业人士作为兼职教师或客座教授，为学生提供更加贴近实际的教学指导，提高其创新能力和解决问题的能力。此外，高校应根据企业的实际需求和社会的发展趋势，优化管理会计专业的课程设置和教学内容。高校可以引入企业的实际案例和实践经验，使教学内容更加贴近实际、更加实用。最后，高校应建立科学有效的评价与反馈机制，定期对产教融合合作的效果进行评估和总结。可以通过调查问卷、座谈会等方式收集学生和企业的反馈意见，及时调整合作策略和合作内容，提高合作效果。

构建管理会计专业产教融合合作模式是高校适应社会需求、提高人才培养质量的重要途径。高校应与企业建立长期稳定的合作关系，优化课程设置和教学内容，加强师资队伍建设，开展多样化的实践教学活动，并建立有效的评价与反馈机制，以提高合作效果。通过产教融合合作的深入推进，高校可以培养出更多符合社会需求的管理会计人才，为企业的可持续发展提供有力支持。

## 二、加强资源管理

对于大部分高校来说，教材的选用是否恰当、是否与专业当前的发展趋势相符合、是否代表了管理会计未来的发展方向，教材是否积极进行更新以及师资的配置是否专业完备，是决定教学质量的重要因素。一方面，相较于高校在理论知识方面的研究，企业在实践方面往往具有更为丰富的经验以及对最前沿的问题和趋势的把握，所以为了符合发展趋势，培养满足社会需要的人才，高校可以积极推进校企共建，如合作完成教材内容的编写，充分利用双方的优势资源，及时整合，基于市场形势、专业特点、学科发展趋势等，合力编写出教师与学生满意、适用的教材，这对管理会计专业的发展和建设具有重大意义。另一方面，在师资配备上，随着管理会计与信息技术的融合越来越广泛，大数据下的管理会计应用正蓬勃发展，但是，高校内的大部分教师以会计学科为主，对大数据等信息技术相关知识的了解较为匮乏，因此，为了提高教学质量，高校应该大力支持教师进行相关学科的培训与再教育，提高会计教师数字化教学的应用能力。在前期相关师资力量缺乏的阶段，高校可以考虑通过校企合作，聘请企业中有实操经验的大数据人员对学生进行授课。该方法也有利于校内教师学习，提高教师数字化技能，使教师能更好地将数字化技术融入管理会计的教学工作中，进而提升学生的综合素质。

## 三、健全课程体系

### （一）加快专业跨学科发展

管理会计作为会计学的重要分支，旨在为企业提供有效的决策支持和管理服务。然而，随着市场环境的变化和企业竞争的加剧，企业面临的经济环境日益复杂多变，在转型背景下，单一的管理会计专业知识已经难以满足企业发展的需求。由于对管理会计更高层次的复合型人才需求的增加，为了培养具备全面能力的管理会计人才，高校需要重视复合型专业教师的培养，积极推动管理会计专业的跨学科发展，培养具备多学科背景、综合素质高的管理会计人才。一方面，跨学科发展可以让管理会计人员融合不同学科的知识和方法，提升其在数据分析、战略规划、风险管理等方面的综合能力，这对提高企业的运营效率和竞争力具有重要意义。另一方面，跨学科发展有助于促进不同学科之间的交叉融合和创新，推动管理会计理论和实践的发展，同时为高校的教学和科研提供新的思路和方法。

首先，高校可以整合多学科资源，优化课程设置。学校可以引进统计学、金融学、信息技术等专业的教师为管理会计专业开设拓展课程，使教学更符合现实实际情况，提高学生知识储备，培养学生在复杂环境下解决实际问题的能力。通过打造专兼结合的复合型师资队伍，提高人才培养质量。识别现有的管理会计专业学科资源，整合经济学、管理学、财务学、信息技术等多个学科的资源，包括课程、教材、师资、实验室、实践基地等，并对这些资源进行全面梳理和评估，了解其优缺点和潜在的整合空间，开设跨学科课程，如管理会计与信息技术、管理会计与战略管理等。这些课程能让学生在学习过程中融合不同学科的知识和方法，提升学生综合能力。同时，高校还应深入了解当前管理会计领域的前沿动态和发展趋势，以及市场对管理会计人才的需求变化，根据资源梳理和市场分析的结果，制定具体的整合方案。方案应包括课程体系的优化、师资队伍的建设、实践教学环节的改进、实验室和实践基地的共享等方面。在实施过程中，要注意保持与各方的沟通和协作，确保整合工作的顺利进行。在整合方案实施一段时间后，要对对整合效果进行评估。评估可以通过问卷调查、访谈、数据分析等方式进行。评估结果将作为进一步优化整合方案的依据。管理会计专业学科资源整合是一个持续的过程，需要高校不断关注管理会计领域的发展动态和市场变化，及时调整和优化整合方案。同时，高校需要加强与企业、行业协会等外部机构的合作，共同推动管理会计专业学科的发展。其次，高校需要进行管理会计专业师资队伍建设。积极引进具有丰富实践经验和深厚理论功底的管理会计人才，如企业中的资深管理会计人员、其他高校或研究机构的优秀学者等。这些人才的引进可以迅速提升高校管理会计专业的师资水平。定期举办管理会计相关的培训班或研讨会，让教师了解最新的管理会计理论和实践，提升他们的专业素养。同时，应当积极鼓励教师参加国内外的管理会计学术会议，鼓励专业教师参与管理会计相关的新兴领域的培训，了解社会发展需求，提高教师社会敏感度，拓宽他们的视野，使他们在教学过程中，积极向新兴领域靠拢，引导学生参与社会具体实践，提高实操能力。通过设立管理会计研究中心或实验室，为教师提供研究和实践的平台。高校可以邀请国内外的管理会计专家来校进行学术交流和讲座，激发教师的学术热情。高校还可以设立管理会计教学奖励机制，对在教学和科研方面表现优秀的教师进行表彰和奖励。这不仅可以激发教师的工作热情，也可以提升他们在管理会计领域的知名度和影响力。通过以上措施的实施，高校可以逐步建立起一支结构合理、素质优良的管理会计专业师资队伍，为管理会计领域的发展提供有力的人才保障。

构建管理会计专业跨学科发展模式是高校适应社会需求、提高人才培养质量的重要途径。通过跨学科发展的深入推进，高校可以培养出更多具备多方面能力的管理会计人才，为企业的可持续发展提供有力支持。

### （二）优化课程设置，贴合企业需求

在数字化发展背景下，培养具有良好会计素养、熟练运用信息技术解决会计问题的专业人才是大势所趋。因此，高校在课程设置方面，应紧贴发展趋势，设置数据分析、财务预测、智慧决策等相关课程，并聘请具有相关经验的老师进行教学，进行学科交叉培养，提高学生数字化应用能力。

首先，传统的管理会计教学内容侧重于对历史财务信息的处理和分析，缺乏对未来发展趋势的预测和战略规划。因此，为适应数字化时代的需求，提高管理会计专业学生在数字化时代的核心竞争力，使学生具备企业所需的专业人才应具备的素质与能力，教师应该利用数字化技术，提升学生财务数据分析能力。相关课程中要设置大数据、人工智能等利用信息技术进行数据分析与决策的内容。一是可以选择有代表性的数字化案例，以案例分析为主要方式进行教学，引导学生分析、讨论和总结，帮助学生了解实际应用场景和解决问题的方法。二是进行数据分析工具教学，通过实操，引导学生进行数据处理、分析和应用，提高数据驱动决策的能力。三是模拟实训教学，教师可以借助沙盘模式，设置模拟场景和角色扮演，引导学生进行决策模拟，让学生在实践中学习和掌握知识，培养学生的跨部门协作能力，使他们能够在未来的工作中与其他部门进行有效沟通和合作。四是引入新技术和新工具，及时将新技术和新工具引入管理会计课程，如云计算、人工智能等，让学生了解并掌握这些技术在管理会计中的应用和实践。五是培养创新思维和应变能力，通过案例分析、项目实践等方式，培养学生的创新思维和应变能力，使他们能够适应快速变化的市场环境和商业模式。其次，为了提高学生的综合素质，更好地发挥自身才能，实现个人目标以及实现职业的长远发展，管理会计课程设置还应包括与创新、组织领导能力、沟通能力以及团队合作能力等相关的内容。最后，提高学生的实操能力以及分析问题、解决问题的能力，才是管理会计教师教学工作的重中之重，为此，课程设置还要具有实用性和针对性。学校可以邀请行业内的资深专

家以及企业中的管理会计工作者参与课程的规划和讲授，使教学内容与业界和企业的实际需求相匹配，使管理会计教学工作与社会以及企业的发展状况保持同步，使管理会计专业人才的培养更加具有针对性和实用性。

### （三）健全管理会计课程体系

高校应健全课程体系，将新文科理念融入课程设计之中，注重理论与实践的结合，加强案例教学和操作能力的培养，构建与国际接轨、具有地方特色的管理会计课程体系，要引入先进的教学理念和方法，如案例教学、模拟演练等，提高课程的实用性和互动性。目前，高校培养的会计人才具备的能力与企业所需会计人才的职业能力存在不适配的状况，这是目前高校培养人才的重要问题之一，必须引起足够的重视，并积极采取措施解决这一问题。要解决专业能力发展与行业需求不匹配的问题，高校要根据市场情况和发展大势，不断更新课程内容和教材，使教学内容与当前社会需求以及会计职业发展要求相符合。教材内容的更新不应仅依赖高校，还需要与提供教育资源服务的行业领头企业进行合作，高校与企业可基于目前的市场需求和人才培养目标，共同开发适用的管理会计类教学教材。高校可以通过引入行业最新的财务软件和相关案例，使学生掌握现代会计工作所需的专业知识和技能。同时，教师作为与学生连接的纽带，负责把知识传授给学生，因此，教师的专业水平和职业素养显得尤其重要。高校应注重教师队伍建设，提高教师的专业水平。组织教师参加专业培训学习最新的教学方法和技术，鼓励教师与行业专家进行交流，以便更好地理解行业需求，并将这些经验转化为教学内容，有效提升教学质量，使学生的专业能力与行业需求更加匹配。

此外，课程思政在教师的教学过程中也发挥着举足轻重的作用。课程思政的效果在于教师对学生世界观、人生观以及价值观的塑造。教师不仅要传授知识，还要尊重学科育人规律，挖掘专业课程内潜在的思政育人元素，巧妙设计思政教学内容，潜移默化地进行课程思政。这对高校教师的教学能力和个人素养都提出了更高的要求，教师自身需要不断提升个人素养和道德意识形态，才能更好地在新文科的背景下实现育人育才目标。管理会计相关的课程是新时代会计基础课程的进一步提高和发展，高校应做好相关课程专业师资队伍的建设，建立专业能力强、职业素养高的课程团队，学校与教师要及时沟通，形成教学合力，力图取得良好的育人效果。

### （四）建设完善的实训体系

我们培养学生最终是要使其在社会实践中能解决具体的问题，因此，培养学生的实践能力是重中之重。然而，目前我国高校培养学生的突出问题是以理论基础为主，缺乏对学生实践能力的培养，以致学生步入社会时无法满足企业的实际需求。因此，高校在培养学生的过程中，要着重进行实践能力培养。形成完善的实训体系是进行实践能力培养的基础。高校要将基础课程、理论实操、综合发展三方面相结合，通过开展实训活动、技能大赛等形式，全面培养学生的创新创业能力，让学生将理论知识与实践能力相结合，并有效应用于实践之中。

当前，仅培养学生的理论知识能力是不够的，更重要的是让学生学会运用，灵活运用理论知识解决现实问题，因此，加强高校与企业的深度合作就显得尤为重要。为了增强学生的实践经验、未来的求职市场竞争力以及就业匹配度，高校应积极与行业内的相关企业建立紧密的合作关系。一方面，高校可以通过校企联合，为学生设立实训基地，让学生在真实的工作环境中进行实践操作，使理论与实际工作相结合。高校与企业的合作可以通过以下途径展开：首先，可以获取企业的实际运营情况，将实际运营情境融入课程体系当中，实现实践与理论的有机融合。并且可以通过共同研究实践项目，进行企业案例分析、模拟企业实际情况等教学活动，帮助学生更好地理解管理会计理论知识，并运用理论知识解决实际问题，提升学生实践运用能力。其次，为了加深校企合作，联合培养人才，可以建立校企共建研究中心。通过研究中心，高校与企业可以一起开展管理会计领域的研究项目，在促进理论知识研究和实际应用有机结合的同时，还可以推动对管理会计热门发展趋势的理论和实践研究，为管理会计专业教育能力的进一步提升提供有力支撑。最后，建立与企业相关的专业导师制度，由企业的资深管理会计人才担任学生的校外导师，在实践中指导学生掌握专业技能，并为学生的未来就业以及职业发展提供指导。这不仅可以将企业的实践经验融入课堂，还可以为学生提供与企业一线专业人才深入交流的机会，加深学生对行业的了解，提升学生专业认识度以及实践应用能力。另一方面，高校还可以与企业相联合，设计与实际工作密切相关的课程与项目。比如，开设大数据、人工智能在管理会计领域的应用课程，由企业专家进行授课，培养学生将科学技术应用到管理会计中解决相关管理会计问题的能力。同时，高校可以利用企业的实际案例，作为对学生课堂教学的补充，将案例拿到课堂上进行分析，有利于提高学生的实际操作能力以及解决问题的能力。而对于企业，可以依托高校，联合培养人才，为企业发展提供所需的专业人才，并减小招聘成本以及人才不匹配的风险。

### （五）强化教学质量监控

一方面，高校骨干教师组成专业建设指导委员会，对专业培养目标、课程体系、人才培养方案进行修订，学期中以及学期末向学生发放教师教学质量调查问卷，了解学生对教师教学质量的看法以及相关反馈，并将之作为教师学年考评的一部分，督促教师进行持续改进。另一方面，建立学院领导负责、督导，专业负责人和学生工作办公室多方协同的教学质量管理组织模式，结合日常开展的“领导听课、教师互评、督导评价、学生评价”教学评价活动，建立专业教学质量监控机制。

此外，也可以组织相关老师进行毕业生的定期回访工作。通过与毕业生和用人单位进行沟通，了解毕业生的实际就业情况和质量，以及用人单位对学生的真实需求。通过反馈结果，反思现有培养模式存在的不足，并根据实际用人需求进行培养模式和方案的调整，力图做到供需适配。

### 四、优化考核评价方案

教师队伍建设应注重优化考核评价体系。高校需优化考核评价方案，采用多元化考核方式，建立公正、全面的教师教学评价体系，建立以激励为导向的评价机制，评价体系涵盖教学、研究、社会服务等多个方面，鼓励教师在其专业领域进行深入的工作和研究，鼓励教师在教学方法和内容上不断创新，同时，也要关注教师的科研与社会服务工作，使其成果转化为教学质量的提升。这种全方位、多角度的教育改革和教师激励措施，旨在提升教育质量，培养出更加专业和应用型的管理会计人才。除此之外，随着时代的不断发展，对管理会计专业教师的要求也在不断提高，仅靠学习理论知识是远远不够的，必须走出去，与同行进行交流，才能深知发展大势，把握培养方向。高校作为主体，可以将竞赛成果作为教师考评的标准之一，鼓励教师带领学生参与有关学科竞赛，并提供资金支持，使教师和学生在竞赛过程中同步提升，理论与实践相结合，也提高了学生的实操能力。同时，学术交流活动在一定程度上代表了学术界的较高水平，高校应支持教师定期参加学术交流活动，使教师了解相关领域发展趋势，把握发展方向，为教学提供新的思路。

## 第三节　教师层面：更新教育理念，积累理论知识，拓展实践经验

在高校管理会计人才培养过程中，师资对人才培养效果的影响最为直接，教师个人认知高度、以理论素养为核心的专业水平、实践经验、综合能力等都将通过教学过程影响学生。作为云南高校管理会计人才培养的主力军，教师应当依托高校资源，树立正确的教育理念，丰富自身专业理论知识和实践经验，提升自身专业精深、数据挖掘、课程思政、商业实践、课堂教学、学术研究等方面的能力，包括教育技术能力、跨文化沟通能力等，以满足新文科教育的多元化需求，形成一个全面、多

层次、相互支持的管理会计教师课堂教学能力提升机制，从而有效提高管理会计教育质量，满足社会和经济发展的需要。

## 一、完善个人认知，树立正确的教育理念

管理会计作为会计学科核心课程，作为适应会计职能由传统的核算向管理、决策转变的关键课程，其专业教师肩负着培养新型复合型会计人才的重任，而树立正确的教育理念、个人认知是影响学科发展、课程体系构建、自身能力提升等诸多方面的前提条件。首先，“大智物移云”时代的到来和新文科建设的提出催生市场对管理会计人才的新需求，云南高校管理会计教师需要树立正确的学习观念，积极参加学术交流、研讨，参与企业实践，不断更新专业理论及现代信息技术等跨学科知识，掌握并传授跨学科前沿动态。其次，高校管理会计教师必须端正教学理念，打破“以教师为主体、以书本为中心、以传承知识为目的”的传统观念的束缚，强调“以生为本，以学生学业要求为中心”，合理制定教学模式、教学方法，了解学生学习特点及兴趣爱好，调动学生主观能动性。最后，高校管理会计教师是学生掌握专业理论和实践能力的基础，教师不仅要传授学生专业知识，对学生情感道德等价值观也具有重大的影响，因此有必要进行价值引领，深入细致梳理课程教学内容，挖掘思政元素，在课程教学过程中坚持以“专业知识讲解+课程思政切入点”，达到潜移默化的熏陶效果。教师要根据管理会计专业特点将其与社会发展实际需要相结合，在强化教学内容的同时也将道德素质教育融入其中，加深学生对会计职业道德的认识与学习。

## 二、更新教学方式，重构课程内容

### （一）支持学生个性化、差异化学习

首先，每个学生都是有差异性的个体，学习偏好、学习能力、学科素养各不相同，进行统一无差别的教学未必能达到理想的效果，因此，需要教师在授课过程中改革课程教学手段，通过多样化的教学方式尊重

学生个体差异，促进学生个性化发展。以往的教学模式是教师居于主体地位，以讲解的方式将知识传授给学生，学生只能被动、无条件地接受，导致学生缺乏主观能动性，不善于思考，缺乏批判性思维，不利于学生综合能力的培养。因此，为了提高学生的综合能力，要对课堂结构进行改革。要将课堂的主体由教师变更为学生，教师在课堂教学过程中要充分尊重学生的主体地位，要根据学生的认知发展水平调整课堂教学的内容以及活动形式，可以通过案例分析、小组合作等学习形式，引导学生自主合作学习，在课堂上遇到难题时，鼓励学生积极思考，提出自己的观点，教师注重引导学生思路方向，与学生一同攻克重难点知识。教师在课堂教学过程中应该以问题为导向，围绕教学目标以及教学重难点知识合理设计问题，通过课堂提问激发学生的积极性，让学生参与到课堂中，启发学生思考，在学生回答问题后也应当及时给予正向的反馈以提高学生的信心，帮助学生知晓自己在学习过程中的不足，通过更优的课堂学习体验提高学生学习的积极性。此外，为了提高学生的积极性和学习质量，教师可以建立答疑解惑群，及时为学生解答学习上遇到的困惑，打通师生沟通渠道，打破学习的时间和地点限制，让学生真正实现随时随地学习，规避因沟通不畅而导致学生怠于学习的情况。其次，管理会计没有解决问题的特定模板，需要根据具体的问题和情况提出解决的策略和方法，对创新思维具有较高的要求。因此，教师在授课过程中，要注重学生创新思维的培养，可以从以下三个方面展开：一是引入真实案例，通过案例教学，让学生认识到环境和问题的复杂性，培养学生解决问题的能力。学生通过分析具体存在的问题及原因，并针对问题探索解决方案，将理论知识与实际经验相结合，提高分析和判断能力。二是组织学生参与创新项目，学生可以自行选题参与创新项目，要充分发挥自己的想象力和创造力，独立思考并提出具体方案。教师可以进行相关指导，解答学生在项目制作过程中的疑惑，鼓励学生独立思考，培养学生创新能力。三是参加创新相关竞赛，包括与专业相关的管理会计案例分析竞赛以及单纯的创新创业比赛，通过参加这些竞赛，学生可以锻炼自身的创新思维和解决问题的能力，也可以与其他参赛者进行交流，获得更多灵感和经验，以提高自身的综合素质。

### （二）创新课程教学方式、考核方式

首先，传统的课程教学以教师单独讲授为主导，教学方式单一，且忽略了学生在课堂上的主体地位，难以调动学生学习和思考的积极性。随着经济社会的转型发展以及技术环境的变化，原有的单一教学模式已经无法满足培养现代管理会计人才的需求，因此教学模式亟须做出调整和改变。教师作为教学的主体，把握着课程节奏和方式，应该花更多的时间去探索符合现阶段人才培养模式的教学方法，激发学生的学习兴趣和动力，引导学生进行学习，提高教学质量。目前，教学辅助类工具非常多，教师可以根据课程特点自行选择恰当的教学辅助工具作为课堂上的教学补充。通过教学辅助软件，教师在课前可以发布预习内容，让学生开展预习，做好上课前的准备工作；在课堂中，教师主要采用启发式教学模式，让学生自主探索知识，同时利用教学软件实现课堂互动、案例教学，利用实验室财务软件进行实操练习；课后，利用教学软件进行线上答疑以及作业批改及学习情况分析，以便准确地把握学生的学习成果。通过教学辅助平台的应用，教学模式要实现以学生为中心、随时随地学习的目的，学生居于主体地位。其次，原有的课程考核方式以卷面答题为主，以考试成绩定高低，只看结果，不重视过程考核，太过单一，不利于学生综合素质的培养。因此，教师应该改变原有的课程考核方式，采用更加全面、结果与过程性考核并重的方式。以基础的理论知识为基本，对学生的实践能力、岗位能力、解决问题能力等进行全方位评价，将过程性考核贯穿学期的各个阶段，过程考核与期末答题考试一起构成成绩，以此来督促学生持续学习，而不是期末冲刺。根据教学环节划分，大致可将考核内容分为以下四个阶段：一是课前预习阶段。主要通过教学辅导软件来进行，考核预习课件的完成情况，检查是否观看了相关的课程视频并完成了相对应的测试题目，考查学生的学习态度、学习自觉性以及个人的自学能力。二是课堂教学阶段。这一阶段包含的

内容较多，也是考核的重点内容，主要从个人课堂表现（主要包括日常考勤状况：是否有迟到早退以及缺课现象；课堂上与老师的互动状况：是否积极回答老师的问题；课堂专注力：是否全程认真听讲）、团队合作情况（主要包括案例分析以及小组汇报：根据课程设置要求以小组为单位进行案例分析和汇报，根据小组分析以及汇报的情况进行评价，考察小组成员的团队合作精神、分析问题的能力以及汇报时的语言组织表达能力）、实际操作能力（在上课过程中穿插财务软件的操作内容，考核学生的操作能力和作业完成度，考查学生的会计实操能力以及任务完成度）三个方面进行评价。三是课后巩固阶段。教师通过布置课后作业，考查学生作业的完成及时度以及完成质量，考核学生的学习态度以及学习效果。四是期末测试阶段。进行课程的综合考试，考查学生整个学期对课程知识的掌握度以及实际运用能力。最后，随着信息技术的发展，教学形式越来越多样，教师应充分整合优秀资源并加以利用。除了传统的线下教学，教师还应该充分发挥数字技术的优势，利用先进的数字技术创新线上线下混合教学模式，促进学生课堂以及课后个性化学习。例如，教师可以通过智能学习平台在课前为学生推送微课、自主学习任务单等学习资料，引导学生有目的地预习新课知识；在课前通过学习平台与学生进行交流，了解学生在课前自主学习过程中普遍出现的问题。然后教师在线下课堂教学中通过案例分析等教学活动集中解决学生的问题，帮助学生攻克重难点知识，同时，在课后还可以利用数字平台为不同层次的学生推送不同的学习资料，布置不同难度的作业，使所有学生都能够通过混合式学习取得进步。

### （三）重构管理会计教学内容

为培养时代需要的人才，教师团队要对管理会计学的课程内容进行重新梳理和构建，去除不符合社会发展需求的内容，新增与时代发展密切相关的理论知识和发展技能。首先，对基础管理会计学的传统课程内容进行调整，强调基本理论知识、基本管理会计方法以及实操技能，对一些过时的教学内容和不符合实际的教学例题进行删减，保证专业基础知识内容的准确性。其次，基础教学内容中要融入与管理会计学科密切相关的科学技术前沿知识，包括人工智能、大数据等给会计行业带来较大冲击的技术知识。最后，在教学内容中融入会计学科发展前沿知识、国家监管政策的最新内容等，拓宽学生的知识范围，让学生不局限于学习管理会计书本理论知识，还应将企业发展现状、国家政策等与管理会计发展息息相关的内容做为补充，提高学生的会计敏感度。

## 三、积累理论知识，掌握专业前沿动态

作为高等教育的主要执行者，高校教师理论知识和学科前沿掌握深度关系着人才培养的质量，而随着教育教学改革持续推进，其影响更加显著，提升云南高校管理会计教师理论知识水平成为云南高校教育改革重点议题，因此，教师应当通过教学培训、学术研究、教学反思等方式不断更新知识体系，深化专业理论学习，把握管理会计领域的最新动态。首先，云南高校管理会计教师应当贯彻常学常新的理念，经常性地参加教育教学培训，以教促学，以提升教学质量为目的参加相关培训，在此过程中不断提升自身理论知识水平。一是培训教师教育学、教育心理学、课程与教学论等教育教学相关理论知识，使教师深入了解教育教学本质，端正教学理念，提升教学能力；二是随着“大智物移云”时代的发展以及教育改革持续推进，教学模式和教学方法不断更新，慕课、翻转课堂等教学方式应运而生，高校教师应当通过参加多媒体教学等新型教学方式培训提高灵活运用教学资源的能力，从而提高教学效果。其次，作为专业课教师，重中之重是梳理学科基础知识、掌握学科前沿动态和最新研究成果。进行学术研究有助于督促教师深入了解专业前沿知识和科研趋势，更新知识体系，提升教学能力与科研水平。高校教师应当积极参加专业领域的学术会议，阅读国内外知名学者专业文献，了解最新科研成果和理论进展，把握学科发展脉络。此外，还可以同其他专业教师合力研究专业问题，通过共同探讨专业问题、分享研究成果，同深耕专业理论知识，并在此过程中，补充跨学科领域理论知

识。最后，为进一步完善自身专业知识体系，创新教育教学方法，云南高校管理会计教师应当及时进行教学反思。教学反思是指教师将自己的教学活动过程和课堂教学实践作为对象进行全面、深入、冷静的思考和总结，对自己在教学活动过程和课堂教学实践中所做出的行为决策以及由此产生的结果进行审视和分析。教师应当及时记录教学过程中的课堂氛围、学生反应等情况；分析教学效果，对比其与教学目标之间的差距；收集学生满意度等反馈意见与建议，从而反思总结自身优点与不足之处，提炼教学方法和策略，不断提高课堂水平与完善知识体系。

## 四、拓展实践经验，培养复合型人才

随着“大智物移云”时代的到来，企业对财会专业人才需求由传统核算会计向复合型管理会计人才转变。通过问卷调查、实地调研等途径得出，云南高校管理会计教师在实践经验方面存在实践机会单一、实践经验与理论知识脱节、实践经验难以支撑教学需求等问题。因此，云南高校管理会计教师必须认识到实践教学对会计人才职能转变的重要性，转变自身教学理念，积极参加实践课程培训、企业挂职实训、项目研究交流等，不断提高自身实践教学能力，更新实践教学内容。同时，教师也应当督促学校建立健全实践管理体系，助力教师实践教学效果与实践能力提升。

一是建立校企合作机制，促使教师深入企业内部，通过企业实训、企业挂职等方式，与业界专家交流探讨，了解行业动态，掌握实践经验与实操技能，掌握会计市场人才需求和发展趋势，通过实际操作提升自身实践能力，推动产学研用深度融合。

二是建立课程资源、案例库、企业实训经验共享平台，建立健全资源共享机制，建立激励机制，鼓励教师参与平台建设，通过与企业、机构合作，参与实际项目，丰富自身实践经验，提升解决实际问题的能力。

总而言之，高校管理会计发展水平的提升需要政府、高校、教师等多方共同发力，要持续优化完善相关政策措施，强化教育教学工作与时俱进，增强教师在人才培养过程中的关键核心地位，实施教师能力提升工程，着眼于培养符合时代要求的高素质管理会计人才，提升高校在人才培养方面对经济社会的贡献力。

# 参考文献


［1］白贵，杨强．新文科与新闻传播教育生态的调整［J］．中国编辑，2021（2）：12-15，50.

［2］马骁．会计硕士专业学位研究生培养模式研究［J］．中国乡镇企业会计，2019（12）：277-278.

［3］刘虎，王勤，冯建刚．“新文科”背景下高校重塑文科实验教学体系的思考与探索［J］．实验技术与管理，2020，37（9）：270-273.

［4］陈凡，何俊．新文科：本质、内涵和建设思路［J］．杭州师范大学学报（社会科学版），2020（1）：7-11.

［5］王铭玉，张涛．高校新文科建设思考与探索：兼谈外国语言文学学科建设［J］．天津外国语大学学报，2019，26（6）：1-7.

［6］潘飞，陈世敏，文东华，等．中国企业管理会计研究框架［J］．会计研究，2010（10）：47-54.

［7］贾茜．“CGMA 管理会计能力框架（2019）”变化评析［J］．财会通讯，2020（13）：156-160.

［8］王钲翔．智能化时代管理会计人员能力框架研究［J］．会计之友，2022（18）：51-57.

［9］章丽萍，孔泽，尹依婷．“大数据+财务”管理会计人才培养与优化路径：基于能力成熟度模型视角分析［J］．财会通讯，2020（23）：158-162.

［10］Jessica S K. Critical reflection and teacher capacity：The secondary science-preservice teacher education［D］. Bozeman：Montana State University，2009.

［11］Carl A G. Teacher capacity：Introduction to the section［A］//

Cochran-Smith Marilyn etc. Handbook of research on teacher education：Enduring questions in changing contexts［C］. Routledge：Taylor & Francis，2010：127-133.

［12］王少爽，李春姬．技术赋能时代翻译教师能力结构模型构建与提升策略探究［J］. 外语界，2021（1）：71-78.

［13］杨青．知识管理视角下新时代青年教师能力培养路径研究［J］. 济南大学学报（社会科学版），2021，31（2）：150-156.

［14］杨九民，宁国勤，郑旭东，等．智能时代卓越数字教师能力导向的“现代教育技术应用”课程重构［J］. 电化教育研究，2021（12）：79-85.

［15］张锋美，戴军．新文科背景下美术设计类卓越中职教师实践能力培养探究［J］. 实验室研究与探索，2020，39（5）：169-171，175.

［16］郑爱香，黄勇，惠洁．新文科背景下工科高校外语教师能力提升探索：以西安理工大学为例［J］. 西安航空学院学报，2021，39（4）：92-96.

［17］王钟杰，王晓亚．新文科背景下高校教师“课程思政”能力提升策略研究［J］. 中国多媒体与网络教学学报（上旬刊），2021（10）：144-147.

［18］倪丽．面向新文科的地方技能型高校智能财务专业教师信息化能力提升路径研究［J］. 中国乡镇企业会计，2022（8）：185-187.

［19］曾光，黎新华．智能技术赋能职业教育课堂教学改革的技术表征、内在机理及创新路径［J］. 教育与职业，2023（13）：84-89.

［20］孙明涛．大数据背景下的高校管理会计师资培养问题研究［J］. 财会学习，2019（8）：223-224.

［21］丁莹．大数据时代高校管理会计教师培养问题探讨［J］. 黑龙江教师发展学院学报，2020，39（1）：31-33.

［22］耿云江，常金晓．大数据时代高校管理会计师资培养问题探讨［J］. 商业会计，2017（8）：23-25，72.

［23］史维维．基于能力本位的管理会计教学改革探索和思考［J］.

商业会计，2016（7）：118－119.

［24］高婉莹．“互联网+”背景下，高校会计教育新思路［J］．河北工程大学学报（社会科学版），2018，35（3）：102－104.

［25］彭伟．新文科背景下地方高校智慧型财经专业人才培养模式探索［J］．山东纺织经济，2020（12）：54－57.

［26］孙刚．大数据驱动下业财融合导向的管理会计人才培养机制创新［J］．财会月刊，2021（2）：88－93.

［27］刘晨．新商科背景下产教融合培育商科人才的现状、问题与对策［J］．老字号品牌营销，2022（24）：177－180.

［28］常会强．政产学研协同培养新文科人才平台建设探究［J］．现代商贸工业，2023，44（16）：84－86.

［29］黄斌，孙庆霜．新时代高校思政课教师评价体系改革的“五唯”困境与优化路径［J］．安康学院学报，2023，35（3）：44－49，55.

［30］崔光彩，姜姜，吕志英．高校教师绩效考核的现状与优化探讨：以南京 H 大学为例［J］．中国高校科技，2022（8）：51－55.

［31］王敏，金刚．遵循“以生为本”教学理念　构建教研训一体化高效体育课堂［J］．中国学校体育，2022，41（10）：36－37.

［32］刘双平，郭赞伟．区域产业需求下高职财经类师资队伍的培养与保障机制研究［J］．商业文化，2020（35）：120－121.

［33］杨璠．数智时代高职院校管理会计人才培养的变革与转型研究［J］．商业会计，2022（5）：121－123.

［34］杨帆．与职业标准对接的财务会计课程教学创新［J］．商业会计，2017（22）：108－110.

［35］丁振国，郭亚娜．高职院校 1+X 证书制度实施路径与保障［J］．中国职业技术教育，2020（10）：53－56.

［36］杨鹏程，樊士德，姜德波．财经类高校一流学科建设实施策略与启示［J］．高教论坛，2022（8）：66－69.

［37］马永红，张晓会．跨学科的内涵、机理及衍变路径［J］．清华大学教育研究，2023，44（1）：30－37.

[38] 戴伟娟. 应用型管理会计人才培养模式创新研究 [J]. 西部财会, 2018 (7): 27-30.

[39] 王竞, 李敏, 于春燕. 管理会计视角下高职会计专业人才培养模式研究 [J]. 冶金管理, 2019 (15): 118.

[40] 李娜. 基于校企合作视角的高职国际贸易实务专业实践性教学模式的探索 [J]. 现代经济信息, 2019 (21): 367-368.

[41] 原和平, 郭昕媛, 马莉萍. 人工智能背景下会计职业教育业财税一体化建设 [J]. 陕西教育 (高教), 2023 (2): 55-57.

[42] 张万朋. 中外高校教师聘用制度的比较研究 [J]. 江苏高教, 1998 (3): 73-76.

[43] 张迪晨. 美国高校师资管理制度及其对我国高校师资队伍建设的启示 [J]. 教育与职业, 2014 (2): 73-75.

[44] 徐梦夏. 高校人才考核评价体系中存在的问题和解决对策 [J]. 科教导刊 (上旬刊), 2015 (16): 12-13.

[45] 孙昕光. 高校人才评价机制问题与对策研究 [J]. 人才研究, 2017 (1): 291-296.

[46] 黄明勇, 张硕, 刘迎春, 等. 破"五唯"背景下的高校人才评价机制研究 [J]. 昆明理工大学学报 (社会科学版), 2021, 21 (5): 82-87.

[47] 詹晶. 新文科视野下教师科研评价的挑战与应对 [J]. 黑龙江教育 (高教研究与评估), 2022 (9): 42-44.

[48] 田小红, 季益龙, 周跃良. 教师能力结构再造: 教育数字化转型的关键支撑 [J]. 华东师范大学学报 (教育科学版), 2023, 41 (3): 91-100.

[49] 唐雯. 多元智能理论应用于高校教学的路径探析 [J]. 成都中医药大学学报 (教育科学版), 2022, 24 (3): 37-40.

[50] 毛笑雯. 多元智能理论视角下高校思政课教学改革的思考与探析 [J]. 陕西教育 (高教), 2023 (7): 15-17.

[51] 孙锐, 李海刚, 石金涛. 能力成熟度模型在组织知识管理中

的应用研究［J］. 研究与发展管理，2008（2）：64-70.

［52］邹利琼，肖如良．高校卓越科研绩效能力成熟度模型研究［J］. 长江大学学报（社会科学版），2010，33（2）：249-250，384.

［53］曹利华，胥刚．新文科建设：地方高校教师队伍的现实困境及应对策略［J］. 黑龙江高教研究，2021，39（11）：23-27.

［54］宫祥龙，王金龙，蔡树龙．新文科背景下非会计学专业会计学课程教学改革研究［J］. 对外经贸，2023（6）：147-150.

［55］马凌远，郝爱民．数字经济时代高校经管类人才培养模式的变革诉求、实然困境与应然选择［J］. 兰州职业技术学院学报，2023，39（3）：48-51.

［56］詹晶，傅华丽．新文科教师跨学科创新成果评价的困境与出路［J］. 高教论坛，2022，267（1）：12-15.

［57］焦磊，余宜荣．我国研究型大学跨学科研究组织建制、问题及对策［J］. 科技管理研究，2023，43（2）：81-89.

［58］朱红丽，王贺元．新文科背景下高校教师跨界发展困境与突破策略研究［J］. 浙江纺织服装职业技术学院学报，2023，22（2）：81-85.

［59］王秀，周少燕，薄晓营．"数智化"时代大数据与会计专业课程优化研究［J］. 财会学习，2022（11）：151-153.

［60］王红满．新文科背景下金融学课程教学数字化转型的路径探讨［J］. 现代商贸工业，2023，44（15）：239-240.

［61］陶慧芳．数智化时代会计教学变革与创新［J］. 营销界，2020（47）：39-40.

［62］杨文凯，李丽．"新文科"建设导向下产教融合困境与实践探索［J］. 山东青年政治学院学报，2022，38（6）：7-13.

［63］李冰，杨丽明．业财融合理念下大数据思维引入基础会计教学改革探究［J］. 老字号品牌营销，2023（11）：178-180.

# 附　录

## 云南高校管理会计教师能力及建设现状调查问卷（本科院校）

尊敬的老师：

您好！教师能力建设是加快高等教育事业发展的关键，涉及每位教师的切身利益，为了客观把握云南高校管理会计教师能力建设的现实情况，特组织开展本次调查。本次问卷调查从云南省各高校中抽取部分教师作为调查对象。作为会计专业教师，您对调查所涉及的各项问题有很大的发言权，您的意见和建议对云南高校管理会计教师能力及建设研究的可信性与有效性至关重要。问卷实行匿名填写，我们对您的个人信息予以严格保密，请如实反映您所了解的相关情况和您自己的真实想法。

感谢您的支持与合作！祝您工作顺利！

云南省高校管理会计教师能力建设专题研究组

2023 年 7 月

## 一、个人基本信息

A1 您的性别

1. 男

2. 女

A2 您的年龄

1. 20~30 岁

2. 31~40 岁

3. 41~50 岁

4. 50 岁以上

A3 您的文化程度

1. 大学本科以下

2. 大学本科

3. 硕士研究生

4. 博士研究生

A4 您的职位

1. 一线专任教师

2. 行政管理人员

3. 教师兼任行政管理人员

4. 科研人员

5. 其他

A5 您的教龄

1. 5 年以下

2. 6~10 年

3. 11~15 年

4. 16~20 年

5. 20 年以上

A6 您的职称

1. 教授

2. 副教授

3. 讲师

4. 助教及以下

A7 您所任职的学校性质

1. 专科院校

2. 本科院校

## 二、知识结构背景

B1 管理会计方向学科专业知识

1. 缺乏 2. 较弱 3. 一般 4. 较好 5. 很好

B2 学科其他方向专业知识（财务会计、财管、审计、税法等）

1. 缺乏 2. 较弱 3. 一般 4. 较好 5. 很好

B3 科学与人文基础知识（自然科学、社会科学和人文科学相关）

1. 缺乏 2. 较弱 3. 一般 4. 较好 5. 很好

B4 教育教学理论知识（教育学、教育心理学、教育法规等）

1. 缺乏 2. 较弱 3. 一般 4. 较好 5. 很好

B5 学科实践知识（胜任管理会计相关实务工作）

1. 缺乏 2. 较弱 3. 一般 4. 较好 5. 很好

B6 现代信息技术知识（大数据、区块链、计算机编程等）

1. 缺乏 2. 较弱 3. 一般 4. 较好 5. 很好

## 三、课堂教学能力

C1 在课堂教学过程中，能够保持热情，充分调动学生积极性

1. 无法做到 2. 较少做到 3. 尚可做到

4. 经常能做到 5. 完全能做到

C2 能够结合学生特征，根据课程教学目标、教学内容，进行合理的教学设计

1. 无法做到 2. 较少做到 3. 尚可做到

4. 经常能做到 5. 完全能做到

C3 在教学过程中，能够进行思维引导与知识体系构建，重视学习方

法的传授

1. 无法做到　　2. 较少做到　　3. 尚可做到

4. 经常能做到　　5. 完全能做到

C4　在教学过程中，能够融合会计学科其他课程的相关知识

1. 无法做到　　2. 较少做到　　3. 尚可做到

4. 经常能做到　　5. 完全能做到

C5　在教学过程中，能够拓展其他学科的相关知识，为学生推荐学习资料

1. 无法做到　　2. 较少做到　　3. 尚可做到

4. 经常能做到　　5. 完全能做到

C6　在教学过程中，能够渗透管理会计学科发展新动向

1. 无法做到　　2. 较少做到　　3. 尚可做到

4. 经常能做到　　5. 完全能做到

C7　能够依据教学目标，整合多种信息资源以供教学

1. 无法做到　　2. 较少做到　　3. 尚可做到

4. 经常能做到　　5. 完全能做到

C8　能够灵活调整和重组不同章节的教学内容，及时更新教学内容

1. 无法做到　　2. 较少做到　　3. 尚可做到

4. 经常能做到　　5. 完全能做到

C9　在教学设计中，能够灵活运用情景教学、案例教学、合作学习等教学方法

1. 无法做到　　2. 较少做到　　3. 尚可做到

4. 经常能做到　　5. 完全能做到

C10　能够通过课堂练习、提问、考试等综合评价方式，了解学生知识掌握程度

1. 无法做到　　2. 较少做到　　3. 尚可做到

4. 经常能做到　　5. 完全能做到

C11　能够借助智能教学技术了解学生的兴趣、心理变化，及时开展教

学反思，改进不足（课题教学反思、教师发展反思、学生发展反思、教育改革反思）

1. 无法做到　2. 较少做到　3. 尚可做到
4. 经常能做到　5. 完全能做到

C12 能够熟练使用以下哪些教育技术工具（可多选）

1. 课件制作软件（PowerPoint 等）
2. 教学平台（学习通、MOOC 等）
3. 思维导图（Xmind 等）
4. 在线协作工具（在线表格、在线白板等）
5. 即时抢答工具（Kahoot 等）
6. 微课视频制作软件（万彩动画大师等）
7. 内容自动生成工具（ChatGPT 等）
8. 问卷调查工具（问卷星等）
9. 其他（请具体填写）

**四、专业精深能力**

D1 能够熟练掌握管理会计及相关领域的专业知识和技能，并提出独立见解

1. 无法做到　2. 较少做到　3. 尚可做到
4. 经常能做到　5. 完全能做到

D2 精通管理会计工具和方法的应用，例如预算管理、成本管理和绩效管理等领域的基本理论、发展前沿和未来趋势等

1. 无法做到　2. 较少做到　3. 尚可做到
4. 经常能做到　5. 完全能做到

D3 具备管理者的视角，能够从标准化和专业化的角度指导、帮助和监督开展专业工作

1. 无法做到　2. 较少做到　3. 尚可做到
4. 经常能做到　5. 完全能做到

D4 您认为提升管理会计教师专业精深能力的有效途径是（可多选）

1. 校内外各类集中培训

2. 专业学位提升（如硕士、博士学位）

3. 国内外交流考察

4. 校际轮岗或校外挂职锻炼

5. 工作实践中探索、反思和总结

6. 其他（请具体填写）

**五、学术研究能力**

E1 确定课题研究题目的主要依据

1. 依据课题指南设计

2. 从工作中的困难与缺点中挖掘

3. 围绕提升质量设计

4. 围绕课改新情况设计

5. 围绕成功经验总结

6. 通过查看文献资料、前沿研究受启发而形成

7. 其他（请具体填写）

E2 针对选题能够撰写出完整的研究设计方案，并采用相应的科研方法对研究结论进行合理分析

1. 无法做到　2. 较少做到　3. 尚可做到

4. 经常能做到　5. 完全能做到

E3 当研究实践与设计不符时，能够及时发现问题做出调整

1. 无法做到　2. 较少做到　3. 尚可做到

4. 经常能做到　5. 完全能做到

E4 能够将研究结论转化为学术论文、研究报告、实验报告等不同类型的成果

1. 无法做到　2. 较少做到　3. 尚可做到

4. 经常能做到　5. 完全能做到

E5 您认为影响高校科研成果实施、转化的主要因素有（可多选）

1. 高校领导对成果转化缺乏重视

2. 学校总体科研实力不强，技术成熟度低
3. 缺乏学校科研成果转化相关政策的支持
4. 科研机构与社会发展脱节，不了解企业的实际需求
5. 科研教师人员不足，精力有限
6. 缺少成果转化所需的经费
7. 其他

E6 能够有效管理科研团队，高效开展工作，提升团队成员的学术能力

1. 无法做到　2. 较少做到　3. 尚可做到
4. 经常能做到　5. 完全能做到

E7 您对于申请科研课题的意愿

1. 非常不愿意　2. 比较不愿意　3. 一般
4. 比较愿意　5. 非常愿意

E8 在科研工作方面，您目前遇到的最主要困难是（可多选）

1. 科研相关经历缺乏
2. 教学科研经费短缺
3. 缺乏学术交流、进修机会少
4. 政策支持力度小
5. 项目团队组建困难
6. 其他（请具体填写）

E9 您认为科研能力提升的对策有（可多选）

1. 苦练内功，多加学习与钻研
2. 积极主动地向同行、专家请教和沟通，营造优良的科研工作氛围
3. 健全相关的科研政策与制度
4. 打造有力的科研团队与平台
5. 提高学术交流与科研进修的频率
6. 实现教学工作与科研工作任务的互通

7. 其他（请具体填写）

## 六、数据挖掘能力

F1　能够掌握与计算机科学有关的知识（数据库原理、数据库逻辑结构、数据查询设计）

1. 无法做到　　2. 较少做到　　3. 尚可做到
4. 经常能做到　　5. 完全能做到

F2　能够将成熟的数据挖掘算法匹配于合适的应用场景中

1. 无法做到　　2. 较少做到　　3. 尚可做到
4. 经常能做到　　5. 完全能做到

F3　掌握的现代信息技术有（可多选）

1. 大数据
2. 区块链
3. 人工智能
4. 云计算
5. 其他（请具体填写）
6. 无

## 七、商业实践能力

G1　能够实地走访企业，加强与社会联系，将企业真实问题融入课堂教学

1. 无法做到　　2. 较少做到　　3. 尚可做到
4. 经常能做到　　5. 完全能做到

G2　能够了解管理会计理论知识与实务操作的区别，帮助学生更好地实践与应用

1. 无法做到　　2. 较少做到　　3. 尚可做到
4. 经常能做到　　5. 完全能做到

G3　能够参与企业事务，通过实践提升自身对管理会计知识运用的能力

1. 无法做到　　2. 较少做到　　3. 尚可做到

4. 经常能做到　　5. 完全能做到

G4　您对数字化背景下产教协同育人有什么意见或建议（可多选）

1. 探索新的合作模式

2. 健全产教协同育人的利益协调机制，实现利益共同体

3. 建立专业设置与产业发展的吻合度预警机制

4. 建立教师参与产教协同育人的激励机制

5. 校企双方变革学生管理方式，助力学生就业

6. 其他（请具体填写）

**八、课程思政能力**

H1　在生活中，能够主动关注思政相关知识，迅速联系至所讲授课程

1. 无法做到　　2. 较少做到　　3. 尚可做到

4. 经常能做到　　5. 完全能做到

H2　能够列出讲授课程的总体思政目标以及每章节的课程思政目标

1. 无法做到　　2. 较少做到　　3. 尚可做到

4. 经常能做到　　5. 完全能做到

H3　在课程章节中，能够挖掘思政元素，形成课程思政案例库

1. 无法做到　　2. 较少做到　　3. 尚可做到

4. 经常能做到　　5. 完全能做到

H4　在课程讲授中，能够有机融合思政元素

1. 无法做到　　2. 较少做到　　3. 尚可做到

4. 经常能做到　　5. 完全能做到

H5　在教学考核体系中，能够融入课程思政目标

1. 无法做到　　2. 较少做到　　3. 尚可做到

4. 经常能做到　　5. 完全能做到

H6　您认为在当前课程中开展课程思政的主要困难是（可多选）

1. 教学理念与能力

2. 教学设施条件有限

3. 教师时间有限，挖掘思政元素耗时长

4. 其他（请具体填写）

## 九、师资队伍建设

I1 您对学校管理会计师资队伍建设的发展路径及近年规划是否了解

1. 完全不了解
2. 不太了解
3. 有点了解
4. 非常了解

I2 您对学校现有管理会计师资队伍有什么看法（可多选）

1. 教师队伍人数偏少
2. 教师队伍结构不合理
3. 高层次人才比例较少
4. 青年教师成长缓慢
5. 创新团队数量偏少
6. 产教协同特色不够凸显
7. 其他（请具体填写）

I3 为促进学校管理会计师资队伍建设，您认为学校应在哪些方面做出努力（可多选）

1. 加大人才引进力度
2. 加强教师教学、科研等培训指导
3. 加大薪酬待遇等支持激励投入
4. 对重点发展学科给予政策倾斜
5. 加大对青年教师的支持力度
6. 加强对产教协同育人的指导支持
7. 其他（请具体填写）

I4 对于学校管理会计师资队伍建设，您有什么意见和建议（请具体填写）

# 云南高校管理会计教师能力及建设现状调查问卷（职业院校）

尊敬的老师：

您好！教师能力建设是加快高等教育事业发展的关键，涉及每位教师的切身利益，为了客观把握云南高校管理会计教师能力建设的现实情况，特组织开展本次调查。本次问卷调查从云南省各高校中抽取部分教师作为调查对象。作为会计专业教师，您对调查所涉及的各项问题有很大的发言权，您的意见和建议对云南高校管理会计教师能力及建设研究的可信性与有效性至关重要。问卷实行匿名填写，我们对您的个人信息予以严格保密，请如实反映您所了解的相关情况和您自己的真实想法。

感谢您的支持与合作！祝您工作顺利！

云南省高校管理会计教师能力建设专题研究组

2023 年 7 月

## 一、个人基本信息

A1 您的性别

1. 男

2. 女

A2 您的年龄

1. 20~30 岁

2. 31~40 岁

3. 41~50 岁

4. 50 岁以上

A3 您的文化程度

1. 大学本科以下

2. 大学本科

3. 硕士研究生

4. 博士研究生

A4 您的职位

1. 一线专任教师

2. 行政管理人员

3. 教师兼任行政管理人员

4. 科研人员

5. 其他

A5 您的教龄

1. 5 年以下

2. 6~10 年

3. 11~15 年

4. 16~20 年

5. 20 年以上

A6 您的职称

1. 教授

2. 副教授

3. 讲师

4. 助教及以下

A7 您所任职的学校性质

1. 专科院校

2. 本科院校

## 二、知识结构背景

B1 管理会计方向学科专业知识

1. 缺乏 2. 较弱 3. 一般 4. 较好 5. 很好

B2 学科其他方向专业知识（财务会计、财管、审计、税法等）

1. 缺乏 2. 较弱 3. 一般 4. 较好 5. 很好

B3 科学与人文基础知识（自然科学、社会科学和人文科学相关）

1. 缺乏 2. 较弱 3. 一般 4. 较好 5. 很好

B4 教育教学理论知识（教育学、教育心理学、教育法规等）

1. 缺乏 2. 较弱 3. 一般 4. 较好 5. 很好

B5 学科实践知识（胜任管理会计相关实务工作）

1. 缺乏 2. 较弱 3. 一般 4. 较好 5. 很好

B6 现代信息技术知识（大数据、区块链、计算机编程等）

1. 缺乏 2. 较弱 3. 一般 4. 较好 5. 很好

## 三、课堂教学能力

C1 在课堂教学过程中，能够保持热情，充分调动学生积极性

1. 无法做到 2. 较少做到 3. 尚可做到

4. 经常能做到 5. 完全能做到

C2 能够结合学生特征，根据课程教学目标、教学内容，进行合理的教学设计

1. 无法做到 2. 较少做到 3. 尚可做到

4. 经常能做到 5. 完全能做到

C3 在教学过程中，能够进行思维引导与知识体系构建，重视学习方

法的传授

1. 无法做到　　2. 较少做到　　3. 尚可做到

4. 经常能做到　　5. 完全能做到

C4　在教学过程中，能够融合会计学科其他课程的相关知识

1. 无法做到　　2. 较少做到　　3. 尚可做到

4. 经常能做到　　5. 完全能做到

C5　在教学过程中，能够拓展其他学科的相关知识，为学生推荐学习资料

1. 无法做到　　2. 较少做到　　3. 尚可做到

4. 经常能做到　　5. 完全能做到

C6　在教学过程中，能够渗透管理会计学科发展新动向

1. 无法做到　　2. 较少做到　　3. 尚可做到

4. 经常能做到　　5. 完全能做到

C7　能够依据教学目标，整合多种信息资源以供教学

1. 无法做到　　2. 较少做到　　3. 尚可做到

4. 经常能做到　　5. 完全能做到

C8　能够灵活调整和重组不同章节的教学内容，及时更新教学内容

1. 无法做到　　2. 较少做到　　3. 尚可做到

4. 经常能做到　　5. 完全能做到

C9　在教学设计中，能够灵活运用情景教学、案例教学、合作学习等教学方法

1. 无法做到　　2. 较少做到　　3. 尚可做到

4. 经常能做到　　5. 完全能做到

C10　能够通过课堂练习、提问、考试等综合评价方式，了解学生知识掌握程度

1. 无法做到　　2. 较少做到　　3. 尚可做到

4. 经常能做到　　5. 完全能做到

C11　能够借助智能教学技术了解学生的兴趣、心理变化，及时开展教

学反思，改进不足（课题教学反思、教师发展反思、学生发展反思、教育改革反思）

1. 无法做到　　2. 较少做到　　3. 尚可做到
4. 经常能做到　　5. 完全能做到

C12　能够熟练使用以下哪些教育技术工具（可多选）

1. 课件制作软件（PowerPoint 等）
2. 教学平台（学习通、MOOC 等）
3. 思维导图（Xmind 等）
4. 在线协作工具（在线表格、在线白板等）
5. 即时抢答工具（Kahoot 等）
6. 微课视频制作软件（万彩动画大师等）
7. 内容自动生成工具（ChatGPT 等）
8. 问卷调查工具（问卷星等）
9. 其他（请具体填写）

**四、专业精深能力**

D1　能够熟练掌握管理会计及相关领域的专业知识和技能，并提出独立见解

1. 无法做到　　2. 较少做到　　3. 尚可做到
4. 经常能做到　　5. 完全能做到

D2　精通管理会计工具和方法的应用，例如预算管理、成本管理和绩效管理等领域的基本理论、发展前沿和未来趋势等

1. 无法做到　　2. 较少做到　　3. 尚可做到
4. 经常能做到　　5. 完全能做到

D3　具备管理者的视角，能够从标准化和专业化的角度指导、帮助和监督开展专业工作

1. 无法做到　　2. 较少做到　　3. 尚可做到
4. 经常能做到　　5. 完全能做到

D4　您认为提升管理会计教师专业精深能力的有效途径是（可多选）

1. 校内外各类集中培训
2. 专业学位提升（如硕士、博士学位）
3. 国内外交流考察
4. 校际轮岗或校外挂职锻炼
5. 工作实践中探索、反思和总结
6. 其他（请具体填写）

**五、学术研究能力**

E1　课题研究主要选题方向

1. 教学研究
2. 理论研究
3. 应用研究
4. 基础研究
5. 开发研究
6. 咨询服务

E2　您对于申请科研课题的意愿

1. 非常不愿意　　2. 比较不愿意　　3. 一般
4. 比较愿意　　5. 非常愿意

E3　在科研工作方面，您目前遇到的最主要困难是（可多选）

1. 科研相关经历缺乏
2. 教学科研经费短缺
3. 缺乏学术交流、进修机会少
4. 政策支持力度小
5. 项目团队组建困难
6. 其他（请具体填写）

E4　您认为科研能力提升的对策有（可多选）

1. 苦练内功，多加学习与钻研
2. 积极主动地向同行、专家请教和沟通，营造优良的科研工作氛围

3. 健全相关的科研政策与制度
4. 打造有力的科研团队与平台
5. 提高学术交流与科研进修的频率
6. 实现教学工作与科研工作任务的互通
7. 其他（请具体填写）

## 六、数据挖掘能力

F1 能够掌握与计算机科学有关的知识（数据库原理、数据库逻辑结构、数据查询设计）

1. 无法做到　2. 较少做到　3. 尚可做到
4. 经常能做到　5. 完全能做到

F2 能够将成熟的数据挖掘算法匹配于合适的应用场景中

1. 无法做到　2. 较少做到　3. 尚可做到
4. 经常能做到　5. 完全能做到

F3 掌握的现代信息技术有（可多选）

1. 大数据
2. 区块链
3. 人工智能
4. 云计算
5. 其他（请具体填写）
6. 无

## 七、商业实践能力

G1 能够实地走访企业，加强与社会联系，将企业真实问题融入课堂教学

1. 无法做到　2. 较少做到　3. 尚可做到
4. 经常能做到　5. 完全能做到

G2 能够了解管理会计理论知识与实务操作的区别，帮助学生更好地实践与应用

1. 无法做到　2. 较少做到　3. 尚可做到

4. 经常能做到　　　　5. 完全能做到

G3　能够参与企业事务，通过实践提升自身对管理会计知识运用的能力

1. 无法做到　　　　2. 较少做到　　　　3. 尚可做到

4. 经常能做到　　　　5. 完全能做到

G4　据您了解，贵校与企业（含社会团体机构、科研机构等）开展了哪些形式的产教合作

1. 企业与学校联合实施订单培养，为学生提供实习机会、实习基地

2. 企业在校内建立生产实训中心，提供在线模拟操作系统

3. 企业与学校联合科技攻关，解决技术难题、提供技术咨询

4. 企业与学校教师共同制定人才培养方案

5. 企业为学校提供实务经验丰富的兼职教师

6. 为教师提供实践机会

7. 暂时没有建立任何合作关系

G5　贵院系希望通过产教融合达到什么目的

1. 实现学生就业对口

2. 协同育人，实现专业和课程共建

3. 引入企业行业师资，提高学生实践能力

4. 为企业提供各类培训服务

5. 通过合作提高企业技术水平和产品开发能力

6. 其他

G6　以您的了解，您认为贵校目前校企合作的效果情况为

1. 校企合作关系紧密，成效明显

2. 校企关系一般，主要建立校外实训基地

3. 校企合作有名无实，无实质性合作

4. 校企合作举步维艰，企业没有积极性

5. 某些专业与企业合作得好，某些专业与企业合作得不好

G7　您认为影响产教融合的主要因素有哪些

1. 政府推动产教融合政策与管理制度

2. 合作主体的合作意愿

3. 合作单位的行业属性与规模

4. 学校教师科研机构为企业科研产品与服务能力

5. 毕业后学生在本地企业就业的比例和就业质量

## 八、课程思政能力

H1 在生活中，能够主动关注思政相关知识，迅速联系至所讲授课程

1. 无法做到　2. 较少做到　3. 尚可做到

4. 经常能做到　5. 完全能做到

H2 能够列出讲授课程的总体思政目标以及每章节的课程思政目标

1. 无法做到　2. 较少做到　3. 尚可做到

4. 经常能做到　5. 完全能做到

H3 在课程章节中，能够挖掘思政元素，形成课程思政案例库

1. 无法做到　2. 较少做到　3. 尚可做到

4. 经常能做到　5. 完全能做到

H4 在课程讲授中，能够有机融合思政元素

1. 无法做到　2. 较少做到　3. 尚可做到

4. 经常能做到　5. 完全能做到

H5 在教学考核体系中，能够融入课程思政目标

1. 无法做到　2. 较少做到　3. 尚可做到

4. 经常能做到　5. 完全能做到

H6 您认为在当前课程中开展课程思政的主要困难是（可多选）

1. 教学理念与能力

2. 教学设施条件有限

3. 教师时间有限，挖掘思政元素耗时长

4. 其他（请具体填写）

## 九、师资队伍建设

I1 您对学校管理会计师资队伍建设的发展路径及近年规划是否了解

1. 完全不了解

2. 不太了解
3. 有点了解
4. 非常了解

I2　您对学校现有管理会计师资队伍有什么看法（可多选）

1. 教师队伍人数偏少
2. 教师队伍结构不合理
3. 高层次人才比例较少
4. 青年教师成长缓慢
5. 创新团队数量偏少
6. 产教协同特色不够凸显
7. 其他（请具体填写）

I3　为促进学校管理会计师资队伍建设，您认为学校应在哪些方面做出努力（可多选）

1. 加大人才引进力度
2. 加强教师教学、科研等培训指导
3. 加大薪酬待遇等支持激励投入
4. 对重点发展学科给予政策倾斜
5. 加大对青年教师的支持力度
6. 加强对产教协同育人的指导支持
7. 其他（请具体填写）

I4　对于学校管理会计师资队伍建设，您有什么意见和建议（请具体填写）